世界歷史探

法國尋寶記

suncolor
三采文化

審訂序 Criticism

藉由輕鬆通俗的漫畫，打開前往世界的大門！

輔仁大學歷史系教授 張淑勤

這本《法國尋寶記》是韓國世界歷史探險系列中的其中一冊，如今被翻譯成中文，由三采文化發行出版。故事架構本身屬虛構性質，並帶有一些旅行的冒險色彩，作為一本適合在閒暇之餘輕鬆翻閱的兒童讀物，本身或許能夠提供讀者一些關於法國的基本認識，以及一個讓人在其中悠遊想像的空間；並激起小朋友的好奇心，進而去探究背後更為廣大的大千世界。

法國是一個具有悠久歷史以及豐富文化資產的歐洲國家，在藝術、建築、人文思想或是流行、飲食文化等方面的成就絢麗奪目。從過去到現在，巴黎始終是引領世界時尚的中心之一，也是人們心目中優雅、浪漫、精緻文化的象徵。不僅如此，在國際間的政治舞台上，法國也深具影響力，過去她曾一度成為歐洲的政治中心，如今更身為歐洲聯盟的核心會員國，在世界上的地位可說是舉足輕重。對於這樣一個泱泱大國，不管就哪一方面，都值得身在台灣的我們去深入了解。近年來，國人對於法國的興趣日漸

濃厚，在文化或旅遊方面的接觸比過去更見頻繁，有關法國的介紹性書籍也愈來愈普遍和多樣化。如果能藉由這套輕鬆通俗的漫畫，打開前往世界的大門，接觸到另一個不同國度的文化，那麼也未嘗不是一個好的開始。

序言 Preface

前往歐洲的中心～法國，感受悠久的歷史與文化！

小朋友，提到尋寶，最先浮現在你腦海裡的是什麼呢？是標示著骷髏頭的藏寶圖，還是堆積成山的黃金？你一定不會忘記寶物中的寶物～鑽石吧！一定也沒有任何一場冒險，會比追尋史上知名的大鑽石還要來得更緊張、刺激，你想不想跟我們一起去法國，追尋那顆「佛羅倫斯鑽石」呢？

在這本書中，你可以和主角布卡一樣，化身為如同少年印第安那瓊斯般的考古學家，到法國去尋找法國王后曾經佩帶過的「佛羅倫斯鑽石」。充滿浪漫優雅風情的法國，其實具有非常悠久的歷史與文化傳統，因此到法國一遊時，當然不能錯過象徵革命的協和廣場、歌誦拿破崙的凱旋門、深具藝術氣息的蒙馬特山坡、美麗的巴黎鐵塔等。另外，也一定要到羅浮宮博物館去參觀這座「藝術與文明的王城」，親身體驗羅浮宮的豐富與精緻之美；而身為世界四大博物館之一的羅浮宮，所收藏的不僅是法國的文物，更包含了歐洲與世界的重要藝術創作呢！在這趟尋寶的旅程中，小朋友還可以乘坐法國的TGV（子彈）列車、品嘗法

國的頂級美食～鵝肝、松露、魚子醬、了解法國大革命的歷史，並認識現在的歐洲聯盟。

這一趟旅程是那麼豐富精采，而鑽石的追尋過程更是令人心跳加速、緊張萬分。事實上，佛羅倫斯鑽石是一顆已經消失許久的淡黃色大鑽石，根據歷史記載，佛羅倫斯鑽石重137克拉，為雙玫瑰花型，有126個切割面，因此擁有絕佳的色澤與亮度。佛羅倫斯鑽石消失在20世紀中期，至今都沒有人再看過這顆鑽石，究竟它在哪裡，也許永遠都會是個謎喔！

你想多知道一點關於這顆鑽石的故事嗎？或者也許有一天，你也想出發去尋找這顆璀璨、艷麗的佛羅倫斯鑽石，那麼，你就一定不能錯過這本《法國尋寶記》！

作者 金玧洙、姜境孝
2004.1

目錄 Content

人物介紹

布卡

知本博士的侄子，
熱愛歷史與考古，
是個凡事精打細算，
沒有利益絕不行動的
小氣鬼。

專長 將東西換算成錢、
歷史常識與推理能力。

最關心的事 能變成錢的寶物。

凱瑟琳

法國王室的後裔，
上流社會的美少女，
管家為了照顧她而費盡苦心，
但她卻依然調皮搗蛋。
熱愛美麗的鑽石。

專長 上流社會的禮儀、
把管家耍得團團轉。

最關心的事 鑽石和布卡。

峰巴布（綽號 峰博士）

擁有俊俏的外表和
講甜言蜜語的絶技，
擄獲無數少女的心；
但卻是個騙子、小偷，
是個詭計多端的人。

專長 善用外型的優勢獲取他人的信任。

最關心的事 名譽、寶物、乾淨及美好的人生。

蘿拉（助教）

知本博士的弟子兼助教，
有嚴重的公主病，
熱愛美男子。
在考古、料理及藝術
方面有頗深的造詣。

專長 追逐美男子。

最關心的事 美男子、峰博士。

知本教授

世界級的考古歷史學家，
常常為了替蘿拉及布卡收拾善後
而四處奔走。

專長 考古學，古物的鑑定、復原及挖掘。

最關心的事 古物的保存。

其他配角們

依順時鐘方向依序為：安迪、阿強、凱薩琳家的管家、
伊麗莎白、布莉姬、保魯索先生、
凱瑟琳的父親基斯公爵。

第一章

日安，巴黎！

巴黎市區
哇～只要想到這裡是巴黎，就連空氣都好像變高級了！
這裡的香水、化妝品最適合高貴的我了！
妳別亂買東西！我不會幫妳拿的喔！
!!
別這麼說嘛！
刺
刺

布卡啊！難道巴黎的空氣都沒有提升你的氣質和格調嗎？
……
待在這種地方，就算只活一天，我也甘願！
蘿拉姊又發作了，我有一種不祥的預感…
巴黎和我實在是太速配啦！
咦？為什麼會「啪滋」一聲？
啪滋
啊！
哈哈！居然在「優雅」的巴黎街道上踩到狗大便…
!!
大便
討厭！
嗯
嗯
嗯
這傢伙老愛在路上大便！

嗨！等
很久了吧？
HOTEL
蘿拉助教
在幹麼啊？
嘿嘿！
她
踩到狗
大便～
嗚
啪啪啪……
哈哈！
看來蘿拉是
真的來到
巴黎囉！
呵
別靠過來啦！
很臭耶！
弄乾淨了啦！
不然你聞！
你們知道嗎？巴黎
還有專門清除狗大便
的清潔員呢！
啊？
狗大便清潔員？
是啊！巴黎市民對動物的
愛護雖然世界聞名，但是
卻相當缺乏公德心，所以
才有這種職業！

優雅高貴，連空氣聞起來都那麼高級的巴黎，居然會有這種職業，真令人驚訝啊…
蘿拉姊，對吧？
唉呀！那…那不是著名的艾菲爾鐵塔嗎？
好了！我要去一趟蘇富比拍賣公司，你們兩個就四處逛逛吧！
三點在拍賣會場前見囉！
好！
叔叔成為蘇富比拍賣公司的鑑定人員，還帶我們來巴黎玩…這簡直就像作夢一樣。
噗嚕嚕
快走啊！不然我可不等你喔！
要參觀的地方可多著呢…
喂！

艾菲爾鐵塔
*巴黎的象徵～艾菲爾鐵塔，於1889年為紀念法國大革命一百周年而建造。
凱旋門
*凱旋門是為紀念拿破崙軍隊的勝利而建造。
塞納河
蘿拉姊，我餓了，這附近有沒有餐廳啊？
旅遊手冊有介紹一家露天咖啡廳，好像就在這附近…
咕嚕嚕
應該是往這邊吧…
啊！
轉
蘿拉姊，危險啊！

嗚吸吸吸～
小姐，這大便是我的喔！
嚇我一跳！
小心一點啦！差點又要踩到大便了！
嗯嗯嗯…
為了解決法國失業問題，我也盡了一份心力唷！
天啊！真的有這種職業！
哇哈哈
只要看到狗大便…
就要呼叫我喔！
高尚、優雅、浪漫…
給我…閉嘴！
喀喀喀…
氣
氣
別跑！真是氣死我了！

凱瑟琳小姐，
我們快回家吧！
小姐，求求您不要
到處亂跑，我會被
基斯公爵罵的。
不會啦！我會
跟爸爸解釋的！
你不懂當
貴族千金有多辛苦！
我出來的機會可是
很少的！自由的
感覺太棒了！
呼！
當貴族的管家
更辛苦！妳不懂啦！

*150歐元：1歐元約可兌換40元台幣，因此150歐元約為6000元台幣。

讓開！
讓開！
噠噠噠噠
呼
呼
呼
砰！
噠噠噠
!!
小…
小姐！
你死定了！
別跑！
轟
啊
啊
啊
啊！
踩

給我站住！
小姐，
您沒事吧？
嗟嗟嗟
不要!!
哎唷喂…
嗯？這是什麼？
嗯
摸
摸
摸
這顏色和味道…
不會是…
大便吧?!
呃
聞聞
嗡…
啊
狗狗狗狗狗大便!!
噁心心心心～
小姐，
您…您
醒醒啊！
你們到底
付不付錢啊？

法國是什麼樣的國家？

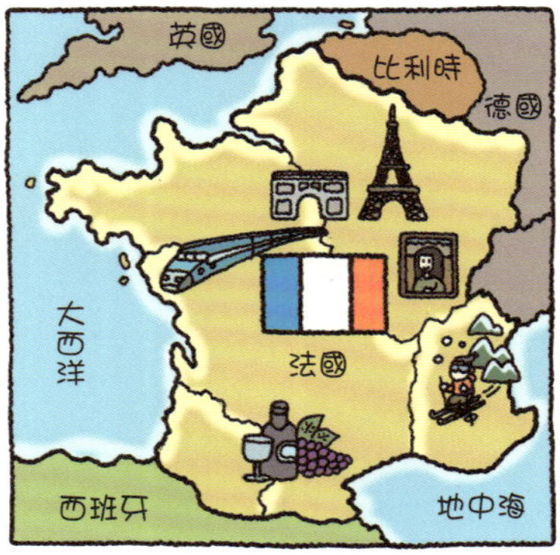

◎法國
・面積：約55萬平方公里（約為台灣的16倍）
・人口：約5700萬人
・首都：巴黎
・官方用語：法語
・貨幣單位：歐元
・主要產業：農業（小麥、葡萄）、工業（航空、汽車）

法國位於歐洲大陸的西部，介於地中海及大西洋之間，國土外形近似六角形，三面環海、三面環山。東邊為義大利、瑞士、德國；東北方與盧森堡、比利時相接；西北方與英國隔著英吉利海峽相望；西方為大西洋，南方與地中海及西班牙相連。法國的官方用語為法語，國旗是藍、白、紅的三色旗，分別象徵自由、平等、博愛的理想。而國歌「馬賽曲」則是由法國大革命時期的革命家盧鳩・德・李爾上尉作詞譜曲的喔！

法語與外來語

法國人重視法語的程度可說是舉世聞名的，他們不使用任何外來語，只要世界上出現新的名詞，負責管理法語的學術權威機構～法蘭西學院，便會將其譯成法語，一般新聞媒體原則上也只使用法蘭西學院制定的法語，因此世界流通的語言在法國常會出現說不通、聽不懂的情況。舉例來說，computer（電腦）已經被譯為ordinateur，keyboard（鍵盤）譯為clavier，download（下載）譯為téléchargement，連e-mail（電子郵件）也被譯為courrier électronique喔！

法國的國際性地位

*法國曾經因為拿破崙的遠征而建立起世界性的大帝國。

法國在國際上占有相當重要的地位，可說是歐洲的文化中心。法國在十九世紀到二十世紀初期所擁有的殖民地數目僅次於有「日不落國」之稱的英國，現今在本土以外的海外省分仍有馬丁尼克、瓜德魯普、法屬圭亞那、留尼旺；海外領土有法屬南部及南極州屬地、法屬玻里尼西亞、沃里斯與伏塔那島、新喀里多尼亞、美亞特；另外還與英國共同統治新赫布里底群島。過去的殖民地中，中美洲、剛果、加彭、塞內加爾、查德在獨立後，仍與法國組成法國共同體。目前法國不但是聯合國的常任理事國，也是歐盟的主要推動國，在世界性事務上占有重要的地位。

法國的首都～巴黎

*巴黎的外形很像蝸牛殼，東西長11公里，南北長8公里。

巴黎的歷史可追溯至西元前三世紀，當時的居民在此建立了名為路特西亞（意指被水圍繞）的聚落；當地在前一世紀被羅馬帝國占領後，便逐漸發展成都市；西元四世紀初改稱為巴黎；六世紀時成為梅羅文加王朝的統治者～克洛維的首都；之後，卡佩王朝也定都於此，使巴黎逐步成為政治、文化的重地。巴黎共劃分為二十個區，這些用第一、二、三…等號碼來指稱的區域，由巴黎的中心部分開始，以和蝸牛殼形狀相似的螺旋模樣相接，最後結束於東方。法國不只是國土位居歐陸交通中心，其首都～巴黎也是歐洲的陸路及水路要衝，長久以來一直是政治、經濟、文化的重心喔！

第二章

在巴黎玩捉迷藏

布卡，
你在哪兒啊？
……

叔叔真慢！
哎呀！那不是法國美男演員～吉翁・卡列嗎？
啊！
啊！
啊！
約定時間都已經過了…
現在怎麼辦？
咦？蘿拉姊跑到哪兒去了？

呀啊啊！
卡列！
我愛你。
簽名！
簽名！
要怎樣
才能拿到
簽名呢？好！
就用臀部推擠
作戰吧！
扭
扭
作戰
開始！
哎唷！
誰啊？
別推啊！
怎麼有
屁股…
嘖！只要看到
帥哥就失云理智！
真搞不懂這是
在做什麼？
這個人
怎麼這麼
誇張…
呵呵呵～
卡列♡
請幫我
簽名～
啊啊
啊
呀
走開！
討厭！
啊～
好
啊
嗯？那…
那個是…

世界足球先生，
法國足球之光～
席丹選手啊！
Sothebys
席…席丹
叔叔！
拿到卡列的
簽名囉！大家
一定會很羨慕
我的。哈哈！
第一次到巴黎就遇到
好事，難道踩到狗大便
真的會帶來好運嗎？
啦啦啦～
啦啦啦～啦啦～啦啦啦～啦啦啦～啦啦
呼～
當明星真是
累啊！
咦？
東張　西望
布卡
跑到哪裡
去啦？

蘿拉！
不好意思遲到
了一會兒，
布卡呢？
那個…教授…
布卡他…
不見了！
啊？妳說
什麼？
剛剛明明
還在這裡的…
該不會是去
上廁所了吧？
妳先在這裡等
一會兒，我到
廁所找找看。
是。
TOILET

小姐，
我們回家吧！
現在這副模樣，
怎麼回家啊？
我要先去洗頭髮，
快幫我預約。
嗚…
知道了，
馬上幫您預約您
的設計師。
你存心想害我
被笑嗎？幫我
預約別的美髮
中心啦！
是，我這就
改預約別家…
氣死我了！
討厭啦…
快
快
快
這小子
到底跑到
哪兒去
啦？

沙沙
哇！排隊的人還真多！想拿到簽名至少也要等一個小時吧！
不過要是能拿到簽名，大家一定會嫉妒我的！
是真的！吉翁·卡列真的很帥！
對啊！我拿到他的簽名了！
氣
氣
氣
布卡現在下落不明，妳居然還有心情打電話聊天?!
教…授…
我去警察局報案，妳給我在這四周繼續找他！
呃呃呃…
是！

蘇富比的鑽石拍賣會從今天開始耶！
哇！81克拉！好美喔！
等頭髮整理完後，一定要去看看！嗯…該怎麼甩掉管家呢？
對！趁現在！
打盹打盹
偷偷摸摸
呼
噠噠噠…

……
嘡嘡
Zzz…
喂！快起來。
怎麼可以在這裡睡覺呢？
起床！
起床！
想睡覺就回家睡啊！
戳戳
嗯？
席…席丹選手呢？
啊！
席丹選手的簽名會早就結束啦！
什麼？結束了？
!!
～空蕩～

都是因為時差，才會一不小心就睡著啦！
真可惜，本來可以拿到席丹選手的簽名的。
呼
啊？
叔叔跟蘿拉姊呢？
哎呀
天啊！已經超過兩小時了！
真是的，布卡到底跑哪兒去啦？
我的腳好痠喔…

什麼？
鑽石拍賣會
延期了？
SOTHEBY'S
嗯？
停住
Louis 16
DIAMOND
哇！真美！
看來這顆鑽石就是
明天要拍賣的物品。
路易十六世
的鑽石？
等等，那不就是
我外祖父家的
鑽石嗎？
路易十六世
哼！要不是
法國大革命和
拿破崙…
路易十六世
受國民公會審判後
被判處死刑。
推翻專制
的法國
政府！
臭拿破崙！

*瑪莉安東尼：路易十六世的王后，她特別喜愛寶石，一向過著奢華的生活，路易十六世死後沒多久，她也被送上斷頭台處死。

*D級：鑽石依顏色、淨度、切工（工匠切割打磨鑽石的技巧）和克拉分等級，D級意指純淨無色的最高等級。

*VVS1：表示鑽石內有肉眼無法見到的極微瑕疵。
*FL：表示極為透明，毫無瑕疵。

小姐！
您在哪兒啊？
噠噠噠
布卡該不會是被誘拐了吧？
呼呼呼…
因為這顆鑽石被當時執行死刑的獄卒暗中私藏，所以最後才能再回到王室手中。
這可是要有豐富歷史知識的人才會知道的喔！
嗯嗯…
鑽石在這段期間內，有可能因為多次轉手而產生裂痕，所以根本無法保障它的透明度。
呵呵
所以這只值一千萬歐元而已啦！
哇！
想不到這傢伙竟然還通曉法國歷史！

等等！
現在不是
聊天的時候！
我得快
走了！
喂！你叫
什麼名字？
轉身
噠噠
噢！
我是台灣來
的布卡！
布卡…
我喜歡上你啦！
背脊怎麼
突然涼涼的…
發～～涼

布卡！
蘿…
拉姊！
小…小姐！
凱瑟琳小姐！
噠噠噠
布卡！是我不好！
從現在起，我再也
不會丟下你了！
窒…窒息啦！
抱
真是
讓人感動！
嗚嗚嗚
嗚嗚
小姐，從現在
開始，請您再也
不要離開我了！

嗯？
咦？
妳…妳是…
!!
剛剛真對不起，我不是故意的，我已經把鞋底清乾淨了。
走…走開！離我遠一點！噁心！
真是冤家路窄啊！

巴黎的象徵～艾菲爾鐵塔

艾菲爾鐵塔是於法國大革命一百周年的西元1889年時所建立的，高度有320.75公尺，是古斯塔夫．艾菲爾為慶祝萬國博覽會開幕而設計的。艾斐爾鐵塔剛豎立在巴黎時，被各界指為不堪入目的鐵造物，例如著名的小說家莫泊桑就很討厭這座鐵塔，甚至在鐵塔完工後就因為不想看見它而搬出巴黎城；如果非不得已必須來巴黎，他也一定會在艾菲爾鐵塔一樓的餐廳用餐。原來這是因為，不管他身在巴黎何處，都可以看到艾菲爾鐵塔，唯一無法看到鐵塔的地方，正是艾菲爾鐵塔的內部啊！

艾菲爾鐵塔

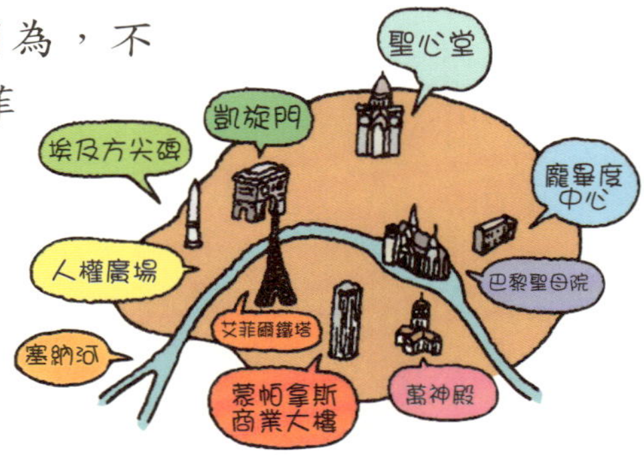

*巴黎的觀光景點

拿破崙時代的象徵～凱旋門

巴黎有舊凱旋門和小凱旋門，一般所稱的凱旋門指的是舊凱旋門。這兩座凱旋門都是為了紀念拿破崙在歐洲一連串的軍事勝利而建造的，舊凱旋門是為了慶祝西元1805年的勝利，小凱旋門則是為了慶祝西元1806年的勝利，兩座凱旋門各自於西元1836年及1808年完工，現在也是巴黎最著名的觀光景點喔！

凱旋門

充滿藝術氣息的蒙馬特山坡

蒙馬特原來是指「堆積著殉教者屍體的山坡」，因此位於山坡頂上的「聖心堂」也就成了深具宗教意義的地點；此外，這裡更是歷史悠久的住宅區，甚至連畢卡索都曾在此租屋而居喔！因此，漫步在蒙馬特山坡時，特別能感受到古巴黎巷弄間的歷史風味，且四周許多為遊客繪製肖像畫的畫家們，更增添不少蒙馬特的藝術氣息。

協和廣場

協和廣場位於巴黎市中心，最初稱為「路易十五世廣場」，西元1789年法國大革命後改稱為「革命廣場」，路易十六世與瑪莉・安東尼不但是在此處結婚，也是在此處被處以死刑的。除此之外，曾是革命軍的羅伯斯比等一千多人，也是在這裡遭到處決的，因此這裡可以說是紀錄了法國歷史的重要地點。廣場的中央矗立著高達23公尺的*埃及方尖碑，周邊則立有象徵法國八個都市的雕像。

矗立著埃及方尖碑的協和廣場

*埃及方尖碑：古埃及的神殿或陵墓前，通常都有成雙成對的紀念碑，以象徵對太陽神的崇拜。不過這些方尖碑後來多遭到掠奪，分散在世界各地，例如協和廣場上有一座、英國倫敦有一座、美國有一座、土耳其有一座、義大利羅馬則有十三座。

第三章

火爆的拍賣會

蘿拉肖像
10圓
20圓
…好像太貴了！

次日
HOTEL
布卡，要不要一起去蘇富比拍賣會？
好耶！當然要！
教授，那我呢？
妳？妳就跟在吉翁・卡列的屁股後面就好了！
原諒我啦！我有反省啊！
妳還把吉翁・卡列的簽名燙平裱框耶！這樣也算反省嗎？
你少多嘴！

嗯？
幹麼？
還不快走！
噗！
羅拉姊，
你看！
大暴牙耶！
啊？
拿去
請給我
白蘿蔔！
我要為各位表演
啃木屐啃！看！
啃
啃
啃
咿啊！
喀喀！
啃
啃
啃
啃
大家覺得如何呢？
鏘

不稀奇啦！
給我鳳梨！
拿去
啊噠噠噠噠！
喀
喀
喀
喀
喀
哇！居然
能用鳳梨做出
兩隻木屐！
嘿嘿嘿
我…我輸了…
叔叔，
為什麼會
有拍賣會
啊？
正式的拍賣會
是從英國的蘇富比
公司和佳士得
公司開始的。
那蘇富比和
佳士得不就擁有
很久的歷史了？

是啊！蘇富比設立於西元1749年，大約有二百六十年的歷史了！
哇啊！比我想像的還要久耶！
這家巴黎蘇富比也是其中一家分公司。
SOTHEBYS
目前蘇富比在全世界約有六百多家分公司，組織相當龐大唷！
哇！
Sothebys
六百多家分公司
哇塞！
這麼多家？
啊！
拍賣會中賣最貴的是什麼東西呢？
不一定啊！不過梵谷的《嘉舍醫師的畫像》就曾在紐約佳士得拍賣會中，以8250萬美元成交，相當於二十八億台幣喔！
梵谷的《嘉舍醫師的畫像》
約二十八億台幣。
呵呵！那才不是最貴的拍賣品呢！

*魯本斯（Rubens，1577～1640）：比利時人，出生於德國的錫根，其絢爛的作品兼具感性與官能性，藉由細膩熱情的色彩與構圖，展現出欣欣向榮的生氣。

*希律王（Herod，西元前173～西元前4年）：希律王在羅馬的庇護下，從西元前37年起開始以猶太王的身分統治耶路撒冷，直到西元前4年為止，在位期間任意處死妻子、兒子及其他幼兒。

Dr.知本，可以跟你談一下嗎？
噢！當然！
說到拍賣，我只看過網路的競標…
好期待喔！
我也是！
……
…嗯
蘿拉、布卡，我剛剛接到一件緊急的委託。
你們在這裡稍微等一下，知道嗎？
是！
快去快回唷♪
咦？
哇啊！這顆鑽石真是適合我啊！
Louis 16
DIAMOND
嘖嘖！又一個想上斷頭台好被砍頭的人！
嘻！

第五號室
即將舉行拍賣，
參加者請於五分鐘
之內入場。
喂！怎麼突然
湧進來這麼多人？
布卡！
到這邊來，
快點！
蘿拉姊，
我過不去啊！
我快被擠進拍賣
會場了！
那我們
就在裡頭
見吧！
知道
了！

凱瑟琳的學校
對不起，小姐。這是您父親下的命令，我也無能為力啊！
太過分了！這種風和日麗的天氣，居然叫我去參加姑婆的茶會？
小姐，上流社會的社交活動很重要啊！
更何況今天有鑽石拍賣會。
哼
討厭，整人啊！
被整的人是我啊！

知道了啦！
去跟那些老太婆
玩幾局撲克牌
就行了吧？
喔！
快走
吧！
管家生活也是
有意義的啊！
～感動～
小姐，
妳總算肯
乖乖聽話
了！
嗯？
蹲下
對不起啦…管家！那顆
鑽石的樣子一直浮現
在我眼前，我實在
是忍不住了！
啊！小姐！
衝！

咚
咚咚咚
各位先生、女士，
拍賣即將開始，
今天要拍賣的
項目有三幅畫作
及貝多芬的樂譜。
想要參與拍賣的人…
只要舉手
說出您的出價
金額就行了！
另外，這場拍賣
也能透過電話進行出價，
這點還請各位見諒。

那麼，拍賣就此開始！
咚咚咚
好棒啊！真期待！
你又沒有參與競標，有什麼好期待的？
第一個拍賣的項目是貝多芬的第九號交響曲～「合唱」的初稿樂譜。
這是皇家管絃樂團委託貝多芬所作，於西元1824年完成，而這些親筆所寫的樂譜則是1818年的初稿。
就連布拉姆斯和華格納這樣的音樂大師也深受交響曲「合唱」所影響喔！
喔！
布拉姆斯（Brahms）（1833～1897）留下「海頓主題變奏曲」等多首傑出作品的作曲家。
華格納（Wagner）（1813～1883）為歌劇「尼貝龍根的指環」的作曲者。

底價是十萬歐元。
開始出價！
十萬歐元是…
嗯…大概是四百多萬台幣。
1 歐元
≒ 40 元台幣
四百萬？
呼呼呼呼…
哼！
Pardon…
（對不起…）
嚇…嚇
死我了…
嗚…丟臉
哼！
哼！
哼！

十萬歐元！
好！有人出價十萬歐元，還有人要出價嗎？
十萬五千歐元！
爸爸！加油！
暴牙少年
十一萬！
十五萬！
十五萬五千！
十六萬歐元！
現在出價十六萬歐元。
還有其他人要出價嗎？
五十萬歐元！

啊！！
布…布卡！
我…怎麼會…
呃…絕對不能輸！！
目前出價五十萬歐元，還有人要出價嗎？
等…等一下啊！
如果沒有，本次拍賣就成交了，五十萬歐元一次…
手忙
這…這是誤會啊…
腳亂
五十萬五千歐元！
喔耶！

…真是好險啊！
呼
呼
呼
抖～抖～
抖～抖～
布卡，你怎麼會亂出價啊！
對…對不起啦！我只是想開個玩笑…
謝謝，目前出價五十萬五千歐元。
嘻
一百萬歐元！
咚～咚！

是，
一百萬歐元！
110！
武士道
精神絕不
能輸！
咻
咻
130！
騎士精神
也不會
輸你！
刷
刷
刷
鏘 鏘 鏘 鏘
150！
160！
170！
嗯…
這兩個人是
真的喜歡這件
作品，還是只是
在搶著花錢啊…
！

現在為大家報告，
某位人士剛剛透過
電話參與競標…
出價五百萬
歐元，請問
還有其他人要
出價嗎？
……
……
……
………………………………………………
啊！
五百萬
歐元的話是…
大約是
台幣…
二億元…
啊？
二億？
2億
咚！

成交！
五百萬歐元
一次、兩次、
三次！
咚咚咚
感謝
各位參與
競標。
現在要整理
場內，請各位
休息五分鐘。
呼！
呃啊啊！
啪
這兩個人
怎麼還在
打啊！
啪
啪

你好啊，鑽石男孩！
喀喀喀
咦？妳怎麼會在這裡…
這裡晚一點就要拍賣鑽石了，你要不要來幫我啊？
鑽石拍賣？可是我不懂拍賣耶…
啊！
咦？
妳不就是害我頭上沾到狗大便的那個大嬸嗎？
轟轟
大嬸？妳這小鬼叫誰大嬸啊？
轟轟轟
嗚…好熱！好熱！

鑽石是從什麼時候開始使用的呢？

Diamond（鑽石）這個字起源於古希臘語的「Adamant」，意思就是「難以征服的」。最早使用鑽石的是約在西元前七～八世紀，居住在印度的達達羅荼（Dravida）族，之後印度便一直是鑽石的唯一生產國，直到十八世紀初，巴西發現了鑽石礦產，才打破印度獨占鑽石市場的局面。十七世紀末時，威尼斯的珠寶商～沛雷茲發明了研磨鑽石的方法後，鑽石便成為寶石中的頂級精品。而過去的歐洲因為鑽石的輸入量很少，因此還曾制定法律，規定只有王族或貴族才能擁有鑽石。後來是由於南非共和國於西元1866年發現大規模的鑽石礦產，並藉由近代的開採法大量開採後，鑽石才成為一般大眾也可以購買、佩戴的飾品喔！

什麼是「水鑽」？

西元1758年，一名維也納的黃金工匠在煉金的過程中，偶然地用鉛和玻璃的混和物製成了鑽石，因此發明了「水晶玻璃鑽石」，也就是俗稱的「水鑽」。這種鑽石的硬度雖然比不上真正的鑽石，但是價錢便宜且透明度及光彩幾乎和真鑽石沒有兩樣，所以曾席捲歐洲的街道及舞蹈會場喔！

歐洲的四大鑽石

藍色希望（Blue hope）

從印度傳至法國時，為112克拉的原石，路易十四世在購買後將它研磨成67克拉的心型模樣。法國大革命後，以45.25克拉的「法蘭西希望（France hope）」之名現身英國；現在則以「藍色希望」之名，展示於美國華盛頓的史密森博物館。

桑西（Sancy）

為55克拉的鑽石，於西元1570年間，由法國駐土耳其大使桑西帶回法國，1906年由英國阿斯特家族收購並加以收藏，目前展示於羅浮宮博物館。

裝飾有桑西及攝政王的路易十五世皇冠

攝政王（Regent）

為歐洲最大的鑽石，重140.5克拉，由英國人皮特購自印度，流傳到法國後被稱為「攝政王」。這顆鑽石曾被鑲在路易十五世的王冠，並使用在加冕儀式上；之後又被裝飾於拿破崙的刀柄上，現在則與桑西一同展示於羅浮宮博物館。

佛羅倫斯鑽石（Florentine diamond）

為重137克拉的淡黃色鑽石，被琢磨成雙玫瑰花型，最早是勃根第公爵查理所有，後來為義大利托斯卡尼大公取得。之後，奧地利女皇泰瑞沙與托斯卡尼大公結婚後，泰瑞沙又把鑽石送給女兒～瑪莉．安東尼作為嫁妝。這顆鑽石的最後一任持有者是奧地利的末代皇后～伊麗莎白，但後來鑽石就消失在歷史中，再也不知去向了！

第四章

肖像畫的眞相

天！
我…的
蒙娜麗莎！
達文西

徵門徒
會照顧你喔
嘻！事情都已經過了，妳們就和解吧！
快呀！快點啊…
LEO
哼！
不過是個平民！
轉
小鬼頭！
少得意！
瞪

布卡，
時間到了，
我們進去
吧！
蘿拉姊，
我們不是得
等叔叔嗎？
走了！
就是嘛！布卡，
你就在這裡跟我
一起聊聊鑽石吧！
我怎麼會
變成兩個女人
間的乒乓球呢？
啪～啪！
徵門徒嗎？
……
我可以
嗎？
少廢話，
快跟我來。
啪！
好…好啦！
……

我是凱瑟琳·基斯，請多指教。
幹麼突然自我介紹啊？
我不跟大嬸說話。
什麼？大嬸？妳太可惡了！
蘿拉姊，鎮定啊！
我叫布卡。
也請妳多指教！
踩
快跟我來！
噠噠噠
嗚…我不是桌球，是足球啊！
我也去參觀一下拍賣吧！

嗯？
是我太慢了嗎？
噠
也對，都過了一個小時…
奇怪？他們又跑哪兒啦？回飯店了嗎？
你不是說你要徵門徒嗎？
東張
西望
請問…沒有看到長這樣跟長這樣的人啊？
不…不知道！不要跟我說話…
呼！總之得趕緊找到他們。
要是像昨天一樣迷路的話，那可就糟了…
腳步沉重…
呼
七十三萬歐元一次、兩次、三次！
成交，由吉野先生得標！
咚咚咚
嘻

位置好窄喔！小妹妹妳該減肥囉！
大嬸，妳先管好自己的大屁股吧！
呃…我變成漢堡夾心肉了啦！
妳說什麼？幹麼老叫我大嬸？
哼
不好意思，請妳們安靜一點。
這幅作者不詳的俄國貴族肖像畫是繪製於十七世紀初的作品。
拍賣價從五千歐元開始。
有人要出價嗎？
瞪～
瞪～

布卡你還真可憐！
為什麼？
這個小鬼又想說什麼？
和一個無法參與拍賣的平民在一起，不如跟我參加鑽石拍賣，還可以競標！怎麼樣？
喂！太傷人了吧！
請從五千歐元開始出價！
到底是要顧及自尊心，還是要讓她恥笑？
真矛盾，不過如果我認輸，一定會被看扁的！
…咯咯咯
五千歐元！
嗚～為了買車子存的錢…
T-CO

羅拉姊…
五千歐元
等於二十萬
台幣耶！
呵
呵
喀喀喀…
因…因為
那是我想…
想要很久的
畫呀！
呵
呵
呵
嗚…
我…我的
車啊！
呵！這下該
怎麼辦啊？
啊？
五千五百
歐元！
目前出價
五千五百歐元。
還有人要
出價嗎？
真…真是好險…
不過就這樣放棄
的話…說不定又
會被恥笑…
嗚
嗚
嗚
六千…歐元！
Good bye！
我的留學
基金啊！
再見了！
嗚嗚

好，目前
出價六千歐元。
七千歐元！
呼！
保住留學費用，
不過
她…
喔！
噗
噗
噗
噗
果然還在笑我！
哼！
我絕對
不能輸！
八千歐元！
我的結婚
基金…
新郎
峰博士！
知本教授，
拜託你快來啊！
我…
我放棄！

請問您要怎麼結帳呢？
沙
您可以使用支票、現金或是信用卡。
可不可以用一百個月分期付款啊？
嗚嗚…怎麼會這樣…
哼！
分期付款…
法蘭蘇華！這位是知本博士的助理，你就先把畫送去給她吧！
原來是知本博士的助理，真對不起，我居然不知道…
今天下午七點前會先將畫送去給您，謝謝您。
點頭
不送也沒關係…
嗚…嗚…
妳在搞什麼啊？
什…什麼？就跟你說那是我一直想要的畫嘛！
哼！

小姐！
管家！你怎麼會在這裡？
我們快去姑婆家吧！
好啦…
哇…好棒的車!!
布卡，我們下次見囉！
喔…好啊！
都是她害的…嗚嗚…
小姐！危險啊！
噗嗚
下次再見唷！
布卡，凱瑟琳走了？
嗯！走了！

我…
我到底
在…在
幹麼啊？
馬上去
退貨！
噠噠
啊啊啊啊！
等等
我啊！
我要退貨！我要退貨！我要退貨！我要退貨！我要退貨！我要退貨！我要退貨！我要退貨！
對…對不起，
物品一旦成交，
我們公司概不退還…
我買一幅
不知道在畫
誰的肖像畫
幹麼！是要
我放在餐桌
前對著他
吃飯嗎？
嗚嗚…
畫上若沒有
瑕疵，我們是不
接受退貨的，
抱歉…
飛～
飛～
飛～飛
結婚
車子
留學
回來啊！
回來啊！
我不要啦！
嗚啊啊啊啊啊～
哇啊啊啊啊啊～
嗚啊啊啊啊
……
……

羅拉，布卡，你們跑到哪兒去啦？
呃…我跟羅拉姊去逛街了！
可是她的臉色怎麼怪怪的？
她…她大概是累了吧！
抖抖
好吧！我要下樓去飯店的酒吧，有事再找我吧！
嗯！好！
嗚
嗚
嗚！
嗚！
TEL
嗚哇哇！這…這下完蛋了啦！怎麼辦！
嗚嗚嗚…嗚嗚嗚嗚…嗚嗚嗚…
怎麼辦啦！
妳別哭了嘛!!

妳打電話
給誰啊？
拿
我得
叫人匯錢
過來啊…
嗯…
啊！
畫上
若沒有
瑕疵…
怎麼了？
我想到一個
辦法了！
嗯？
喀喀喀喀…

行得通嗎？
嘻嘻！安啦！
等畫送來後，妳就負責拖延時間，讓我把畫弄出一點損傷。
酒精
可…可是…
太不道德了…
別擔心啦！一切包在我身上！
還是很不安！！
哈哈哈
相信我吧！
蘇富比送貨。
叮咚
叮咚

Bonsoir（晚安），這是您買的畫。
1205
哎呀！快請進！
請在這裡簽個名。
你要不要喝杯飲料呢？
謝謝您，不過我還有工作。
哇～就是這幅畫啊？
客…客人！請您小心點。在您尚未簽名之前，貨品的所有權仍是蘇富比拍賣公司的喔！
Yes!!
沙
沙

對…對不起…
來，我們去喝杯飲料吧！
收據給我，我來簽名。
……
偷偷摸摸
那我就不客氣了…
喔!! 怎麼這麼大杯啊!!
呵呵… 要全部喝完唷！
偷偷摸摸～
TOILETTE
喀
吸！
吸！
作業開始！
酒精

先將酒精
滴在角落，再
拿布擦一擦…
酒精
滴
沙沙
呼！好緊張喔！
而且好有罪惡感…
沙沙
沙沙
嗯？
這是？
好像
是簽名…
難道是畫家
的簽名嗎？
Rembrandt

嗝！
肚子好撐，
喝不下了！
嗝～
這裡還有
一杯耶…
嗯…不可能！
如果是簽名，應該
會簽在顯眼的地方，
不會有畫家簽好名後
還用顏料蓋起來吧！
Rembrandt
這樣應該
就可以退貨
了吧？
你要走啦？
對啊！
請您快點
簽名吧！
簽在這裡嗎？
哎呀！
不是那裡，
是這裡啊！
不是下面，是上面。
嗯！要妳
簽個名有
這麼難嗎？
噢！
這裡啊！
布卡，
快啊？
抖抖抖

喂！
等一下！
嗯？
怎麼了？
怎麼啦？
該不會是那幅畫
有什麼問題吧？
沒錯！
我們買畫時並
不知道有這種
瑕疵啊！
我不懂您的
意思，請您
再仔細地…
你看這裡，
角落明明就有
瑕疵啊！
Rembrandt
啊！啊！
怎麼可能？
哎唷喂！真的耶！
真是好險，差點就買到
有瑕疵的畫了。
呵呵！
保住我的
結婚基金了！
怎樣？
沒錯吧!!
嗯…奇怪了…!!
……??

不管怎樣，
我是不會收下
這幅畫的！
1205
……
可是…
我…
1205
砰
生氣
生氣
呼呼呼呼
走了嗎，
布卡？
1211
哼
哼
嗯！
哇哈哈！
成功啦！我的
錢保住了！
哈哈！
嗯…
萬歲～
萬歲～
蘿拉姊，
有沒有畫家會在
作畫前先簽名…
然後再用
顏料把名字
蓋起來啊？
嘻嘻！
哪有這種
畫家啊？

依常理判斷，怎麼可能會有畫家把自己的簽名覆蓋起來的？又不是笨蛋！呵呵…
說的也是…
喔耶～
喔耶～
哈哈哈
今天辛苦你啦！我就大方點，拿去！
謝…謝謝。
幹麼這麼客氣～♪
10000
沒多久就發現，其實我們真是笨…
嗚…
嗚…
嘎嘎嘎嘎
什麼？Rembrandt？林布蘭？
是啊！今天為了做最後的鑑定去了趙蘇富比，結果有幅不知道被誰退貨的畫作，仔細一看…
嗚～
發現那竟然是林布蘭的自畫像。
Rambrandt

那是林布蘭在二十八歲時畫的自畫像，不過因為賣不掉，所以他的弟子們便在上面重新畫了貴族的肖像畫，並把自畫像覆蓋過去。
覆…覆蓋在畫上？
老師，對不起。我也是不得已的。
是啊！在當時，畫作若是賣不掉，畫家通常會在上面另畫新作。
那…那幅肖像畫大概值多少錢？
這個嘛…林布蘭的畫應該至少價值四億台幣吧？
妳…妳怎麼啦？
修復前的作品
修復後的作品～四億!!
四…四億…
我…我真沒福氣啊…～
嗚嗚嗚～
咚
蘿…拉姊…
嗚嗚嗚嗚…

什麼是拍賣？

拍賣是指透過價格的競爭來購買物品的活動。一般而言，買東西時是以支付賣主所訂定的價格來購買，但拍賣卻是由買主競標物品的價格，並經由競爭來購買。

拍賣是從什麼時候開始的呢？

拍賣的歷史相當悠久，最早可追溯自西元前五百年的巴比倫帝國，他們拍賣適婚的婦女，讓婦女可以體面地嫁出去。繼巴比倫之後，拍賣活動也在古羅馬等地興起，而且因為社會結構的不同，拍賣的方式、規模及性質也有了很大的變化。十八世紀時，隨著帝國主義的興起，拍賣活動有了更大的發展。西元1744年，蘇富比公司在倫敦首先以書籍開始進行拍賣活動；二十年後，佳士得公司也跟著成立，並首先提供藝術品的拍賣。由於藝術品的價格與引人注目的程度都比其他物品要高，因此也有「拍賣之花」的稱號。

在蘇富比現身的林布蘭肖像畫

林布蘭肖像被覆蓋，直到三百年後才被世人發現，這可是發生在蘇富比的真實事件喔！林布蘭在二十八歲時所繪的自畫像，因為被弟子們重複上色，把自畫像變成了戴著高帽的俄國貴族，所以後人一直以為這只是幅作者不詳的畫作，完全不知道在層層顏料下竟隱藏著林布蘭的真跡。

西元1995年時，在得知那幅作品是林布蘭的原作之後，專家們才透過精密的分析，將重複作畫的部分，如帽子、耳環及落腮鬍等除去。復原後的肖像畫目前則展示於阿姆斯特丹的林布蘭博物館內，供訪客們欣賞。

林布蘭
(1606~1669)
荷蘭畫家，擅長利用光影的明暗處理畫作，是近代油畫技巧的奠基者。林布蘭在處理聖經及神話的題材方面，常常能夠描繪出畫中人物的內心情境，因而觸動觀賞者的心弦。

蘇富比拍賣史上以最高價成交的美術品是哪一幅？

《對無辜者的屠殺》所畫的是希律王虐殺幼兒的瞬間，當時所預估的拍賣價約四～五百英鎊（約二億五千萬～三億台幣），最後卻以將近五千萬英鎊（約三十億台幣）成交，超出梵谷的《嘉舍醫師的畫像》（約二十七億）的拍賣價，成為新的最高價美術品。

對無辜者的屠殺
魯本斯的《對無辜者的屠殺》，描繪出希律王為了防止耶穌誕生，將兩歲以下的幼兒全數殺死的畫面。

第五章

公爵的委託

血…
哪裡有
血啊？
蘿拉
安眠處

這樣一點
都不像妳，
快振作啊！
教授…四億…
四億耶！
嗚嗚…
嗚！
本來能
一輩子
不愁吃穿…
可憐啊！
腳步沉重…
叔叔，
還要走多久？
啊！到了！
就是那裡！
哇啊！
好高級的
城堡喔！

哇
這是貴族的城堡…
他們一定很有錢…
富翁！
有人在嗎？我是知本教授。
咚！
咚！
咚！
鞠躬～
知本博士，歡迎大駕光臨，公爵正在等您呢！
三位請往這邊。
咦？這位叔叔是…

知本博士，
歡迎光臨。
基斯公爵！
好久不見！
這兩位是我的助手～蘿拉小姐，和我的侄子布卡。
很榮幸見到您，基斯公爵！
嘻
歡迎、歡迎，知本博士的同伴就是我的朋友。
爸爸！

啊…
妳是?!
喀喀喀…
呵…布卡！
我們還真有緣啊！
想不到你竟然是
知本博士的侄子。
咦？這位大嬸來
這兒幹麼？
竟然一直
叫我大嬸…
呃呃…
又沒辦法
回嘴…
凱瑟琳，
不准在客人
面前放肆！
砰
哼
呵呵！
活該！
……
……
老爺，
餐點已經
準備好了！
好，那
我們就一邊用
點心，一邊聊吧！
好啊！
哈哈哈～

哇
啊
嘻嘻
布卡，多吃點喔！
我爸爸為了你們…
還特地準備了
亞爾薩斯地區的
特級foiegras。
呼呼…
沒什麼
啦！
foiegras？
就是指
鵝肝料理啦！
鵝肝料理是如
牛奶般滑順肥美的
上等美食，以亞爾薩斯
地區的鵝肝料理
最為著名。
嚼嚼
喔！不愧
是大嬸，對美食
真有研究啊！
呵呵呵…挺厲害的!!
氣啊！

那妳應該知道
何謂法國三大
料理吧？
呼
我幹麼要回答
妳這個問題，
小鬼。
哼
唉…
又來
了！
哎呀！
妳年紀
這麼大了，
居然連這個
都不知道？
轟轟
什麼?!
妳太小看
我了吧！我會
不知道？
隆隆隆…
嗯！
加油啊！
蘿拉！
不要輸給
她！
法國三大料理
就是我們現在吃的
鵝肝、鱘魚卵的
魚子醬，還有…
生長在地底下，
唯有靠狗或豬的嗅覺
才能挖掘到的
松露（菌類）。
鵝肝
魚子醬
我說
對了吧？
松露

呵！知本博士，你的助手還真了解料理，一般人可能連松露是什麼都不知道呢！
哈哈！不要這麼說，這是常識啊！沒什麼！
哈
哈
哈
氣～氣～
不管是十年前還是現在，這裡都一直是這麼華麗！
是嗎？這都得歸功於我的管家和傭人啊！
基斯公爵，你叫我來這兒是為了什麼呢？
嗯…你有沒有聽過佛羅倫斯鑽石？

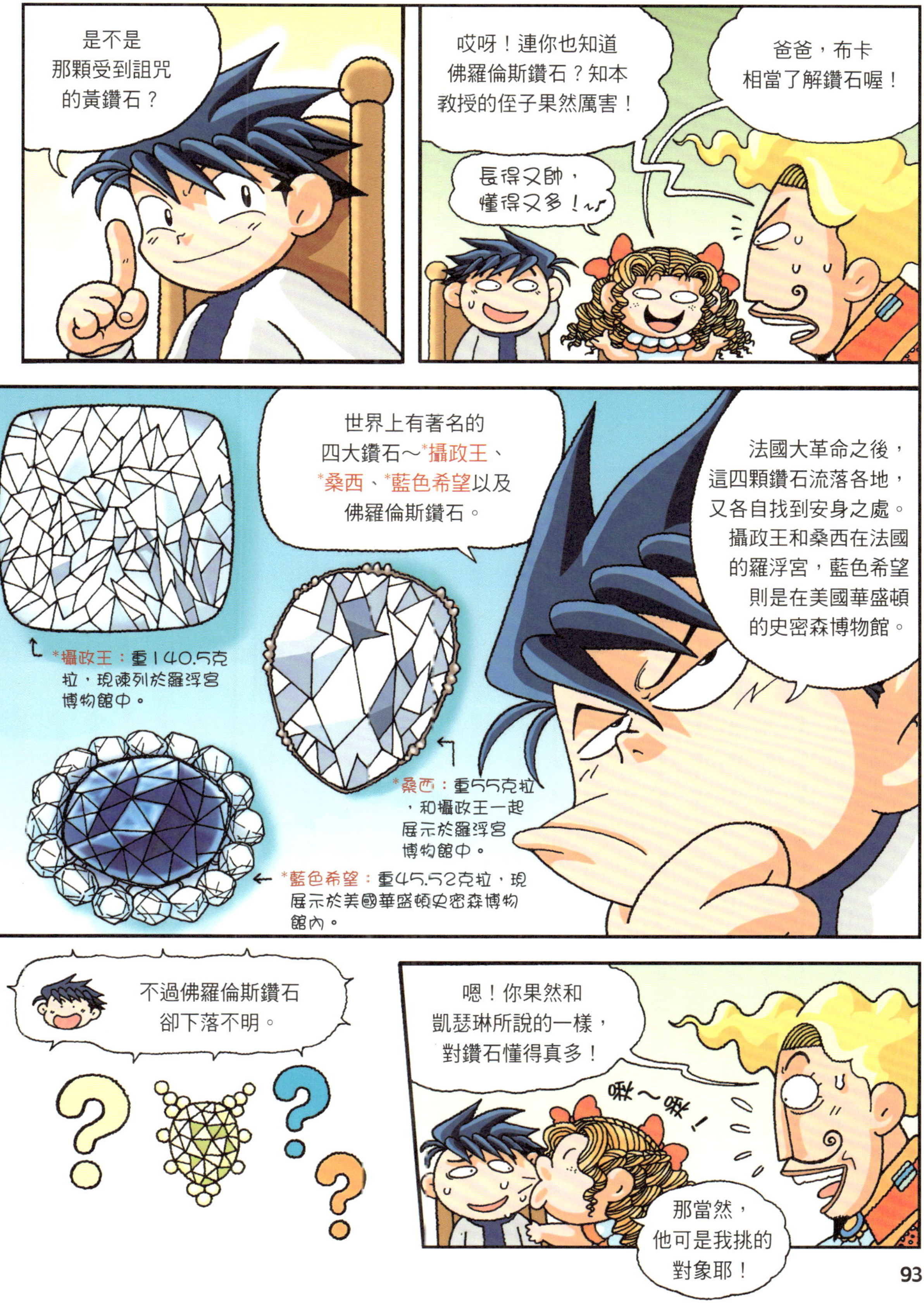
是不是
那顆受到詛咒
的黃鑽石？
哎呀！連你也知道
佛羅倫斯鑽石？知本
教授的侄子果然厲害！
爸爸，布卡
相當了解鑽石喔！
長得又帥，
懂得又多！
世界上有著名的
四大鑽石～*攝政王、
*桑西、*藍色希望以及
佛羅倫斯鑽石。
法國大革命之後，
這四顆鑽石流落各地，
又各自找到安身之處。
攝政王和桑西在法國
的羅浮宮，藍色希望
則是在美國華盛頓
的史密森博物館。
*攝政王：重140.5克拉，現陳列於羅浮宮博物館中。
*桑西：重55克拉，和攝政王一起展示於羅浮宮博物館中。
*藍色希望：重45.52克拉，現展示於美國華盛頓史密森博物館內。
不過佛羅倫斯鑽石
卻下落不明。
嗯！你果然和
凱瑟琳所說的一樣，
對鑽石懂得真多！
啾～啾！
那當然，
他可是我挑的
對象耶！

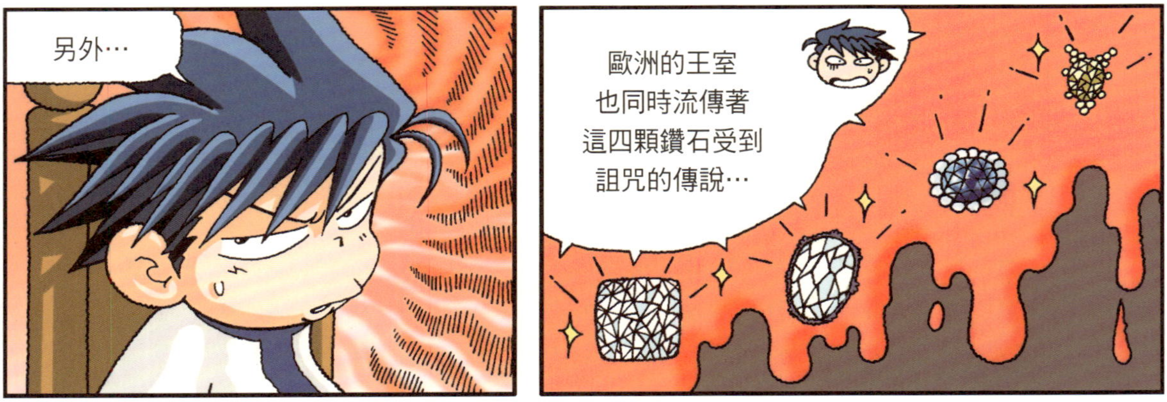
另外…
歐洲的王室
也同時流傳著
這四顆鑽石受到
詛咒的傳說…

而法國大革命
正好印證了這個
不祥的傳說。

嗯！布卡
說的沒錯。
分散在歐洲王室的四顆鑽石，
在發生法國大革命前，
竟然同時為路易
十六世及瑪莉·
安東尼所有。

也就是說，因為這四顆鑽石聚集在一起…
喀喀喀…
殺死國王和王妃吧…
使法國王室籠罩在不祥的氣氛之中，所以才會引發法國大革命…
呃…誰會相信這種迷信啊！
法國大革命會發生是當時的情勢使然，跟鑽石沒有關係吧?!
妳說的沒錯，不過還是有很多人相信，這個世界上有…
無法用科學解釋的事情。
知本博士，那我就直說好了！我想請你幫我尋找這四顆鑽石中，尚未被尋獲的佛羅倫斯鑽石。

什麼？
要…要我們
去找被詛咒
的鑽石？
呃～
而且還是
遭到最嚴厲詛咒
的佛羅倫斯
鑽石？
……
我反對！
我才不要像瑪莉．
安東尼一樣被
砍頭呢！
叔叔，我也
反對！我還有
暑假作業
要做耶！
我並不是
為了個人
私慾，
如果能找到
鑽石，我會將
它捐出來的。
嗯…

教授，
快拒絕啊！
我們待會兒就要
馬上回國！
對啊！
快走啦！
大怒！
呵呵！
大嬸真是膽小！
教授！
我們馬上
出發！
蘿拉姊！
……
布卡，要是你願意
參與這個行動，
我願意將我最珍貴
的寶物送給你。
基斯公爵
最珍貴的
寶物？
真的嗎？
您要遵守
約定唷！
當…當然！
嘻嘻

來，大家好好休息吧！
謝謝您，公爵。
大嬸！妳想知道這座城堡的秘密嗎？
一點都不想。
聽說這座城堡會出現吸血鬼唷！
吸…吸血鬼…
嗚嗚嗚…
呵呵！我是基督徒，才不怕吸血鬼呢！
嗚～被打敗了!!
看我的十字架！
呀！
怕…
一百萬零二十隻羊，一百萬零二十一隻羊…
真的…有吸…吸血鬼嗎？
啊！番茄醬沒了！

布卡呀…
嘎
你有沒有
番茄醬包
啊？
呃啊啊啊！
果…果然
有吸…
吸血鬼！
彈起！
沙沙
砰
吸血鬼！
滾開！

歐洲的高速列車

法國的子彈列車（TGV）

TGV為法國子彈列車「Train à Grande Vitesse」的縮寫，意思就是極為快速的火車。TGV於西元1981年正式通車，行駛網路遍布法國全境，也通往歐洲其他主要城市。密集的網路不但讓旅客可以隨意到達法國各地，即使是前往鄰近的其他國家，也很方便喔！

法國的子彈列車（TGV）
最高時速可達515公里，但平時僅以300公里的時速行駛。

德國的超高級子彈快車（ICE）

從1991年夏天開始通車的ICE（Inter City Express）是德國國鐵相當引以為傲的超高速列車，在西元1988年5月1日的試車時，曾創下時速406.9公里的紀錄。

西班牙的子彈列車（AVE）

西班牙的AVE（Alta Velocidad Espaṉol）是連接東邊的馬德里與西邊的塞維爾的高速列車，時速為300公里，於西元1992年4月20日通車。

歐洲的知名火車

歐洲洲際列車（EC）

EC是Euro City的縮寫，是專門往來於歐洲各國間的列車。EC行駛時不受國籍限制，因此可以於各國穿梭，但速度比其他高速列車緩慢。

歐洲之星（Eurostar）

於西元1994年通車，往來於英法海峽間，由於行經海底隧道，因此是英國與歐洲大陸間最快速的交通工具，從倫敦經巴黎、布魯塞爾，到達終點站～里爾，只需三小時而已喔！

歐洲之夜（EuroNight）

為了提供旅客睡眠而設有坐臥舖及睡臥舖，並供應簡單早點的夜車。

台灣有高速鐵路嗎？

所謂的高速鐵路是營運時能以時速200公里以上行駛的鐵路系統，目前台灣已有「台灣高鐵」，且正在施工興建中。台灣高鐵預計於2005年完工，屆時台灣南北的交通時間將大幅縮短到九十分鐘以內，能大幅解決台灣西部的交通問題喔！

第六章

峰博士的復出

依然是
小配角

布莉姬女士，您保持美麗的祕訣是什麼呢？
呵呵！說我美麗雖是謊話，不過還真中聽呢！
她怎麼知道我在說謊？
各位！國際動物保護協會會長兼女演員～布莉姬會長的復出記者會就到此結束。
是時候了…
砰
砰
砰

伊莎貝爾，下一個行程是什麼？
藝術經理人～峰先生正在等您！
好！快叫他進來。
是，女士。
峰先生…他能找到我要的東西嗎？
日安，布莉姬女士。不，應該是珍娜·寶阿日娜·德拉·奧雷安女士。
微笑

厲害…只是通幾次電話，居然就知道我的真實名字，真是了不起！
能和路易．菲利浦的後裔見面是我的榮幸。
您太客氣了！
伊莎貝爾。
是，女士。
請不要讓其他人進來打擾我們！
讓我們來談談我想要的東西～佛羅倫斯鑽石吧！
是，奧雷安女士。

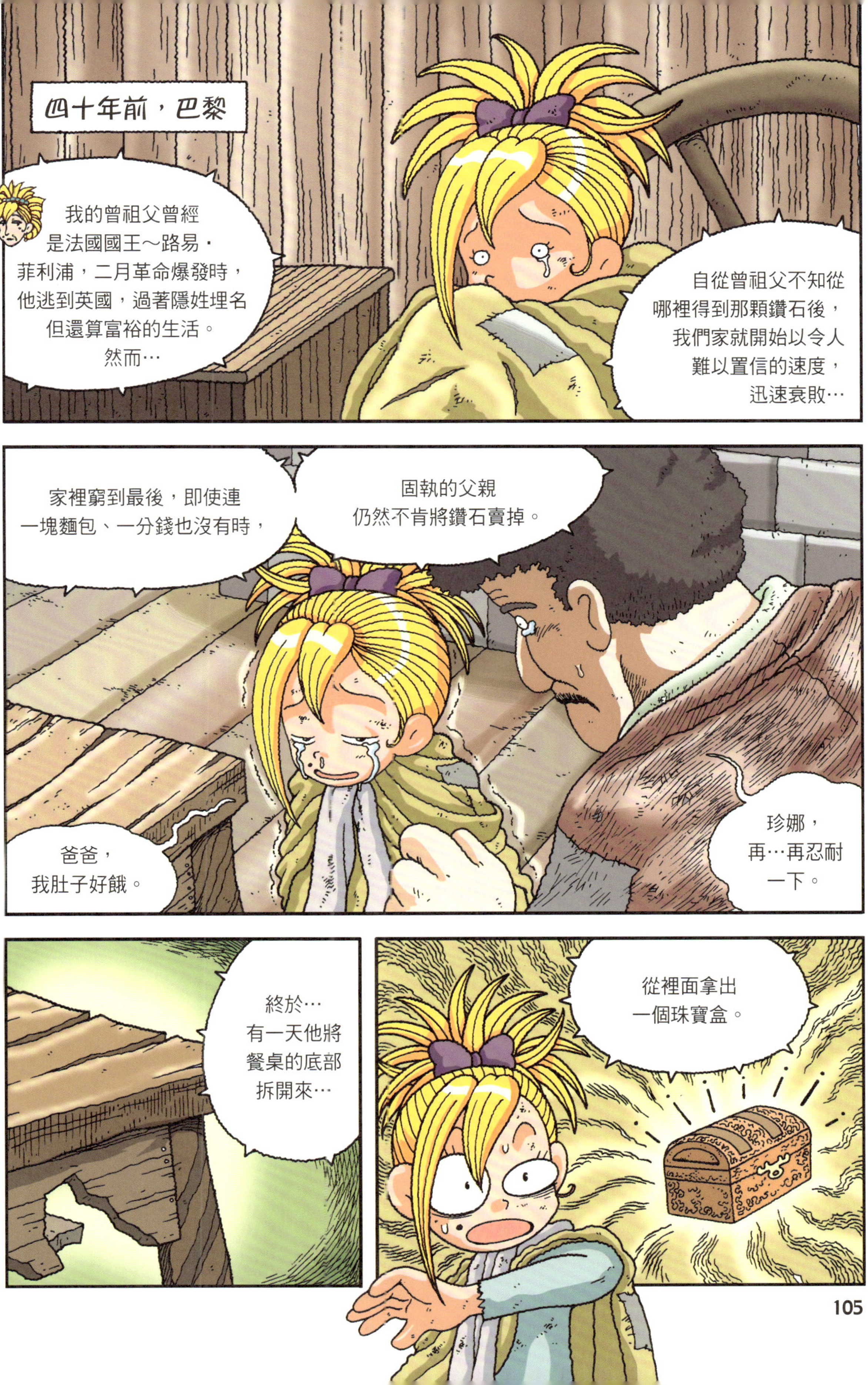
四十年前，巴黎
我的曾祖父曾經是法國國王～路易·菲利浦，二月革命爆發時，他逃到英國，過著隱姓埋名但還算富裕的生活。然而…
自從曾祖父不知從哪裡得到那顆鑽石後，我們家就開始以令人難以置信的速度，迅速衰敗…
家裡窮到最後，即使連一塊麵包、一分錢也沒有時，
固執的父親仍然不肯將鑽石賣掉。
爸爸，我肚子好餓。
珍娜，再…再忍耐一下。
終於…有一天他將餐桌的底部拆開來…
從裡面拿出一個珠寶盒。

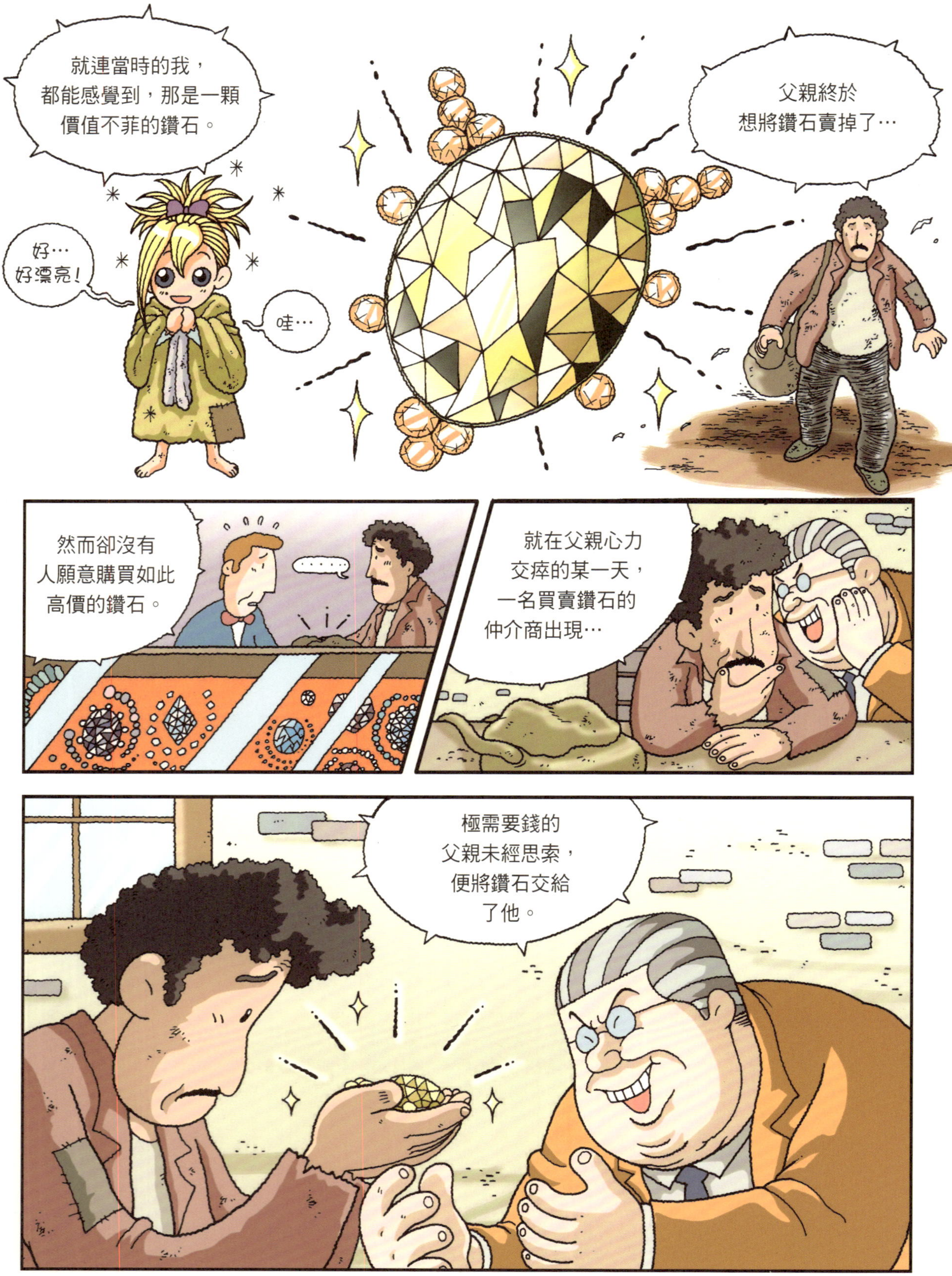

就連當時的我，都能感覺到，那是一顆價值不菲的鑽石。
好…好漂亮！
哇…
父親終於想將鑽石賣掉了…
然而卻沒有人願意購買如此高價的鑽石。
……
就在父親心力交瘁的某一天，一名買賣鑽石的仲介商出現…
極需要錢的父親未經思索，便將鑽石交給了他。

幾天之後，
父親才發現這是
一場騙局，而那名
仲介商早已不知去向。
鑽石
當然也跟著
消失了…
………
父親因為
打擊過大而
去世。
留下我一人…
費盡千辛萬苦，
才總算活了下來。
峰先生，
請幫我尋找佛羅
倫斯鑽石。我不在乎
要花多少錢，我只想
消除我和父親
長年的怨恨。

謝謝你，
峰先生。
別擔心，
我可是這方面
的專家。
哈哈哈
伊莎貝爾，
把東西拿來。
是。
喀
不夠的話，
請隨時通知
我一聲。
是，那麼
我現在馬上開始
著手進行調查。
嘻

拜託你了！
您放心！
請相信我！
別
擔心。
噗嘿嘿嘿
怎麼不太
放心啊…
握！
只要能找到
佛羅倫斯鑽石，
我就能實現我的
夢想了！
喔耶！
喔耶！
……
……

基…基斯公爵叔叔，你最珍貴的寶物大概值多少錢？
嗯…這小子怎麼這麼愛錢啊？
這…這得等你找回佛羅倫斯鑽石後，才能告訴你。
嘻嘻
要是你先告訴我，我會更努力去找的…
布卡，快點啦！走了！
好！來啦！
……
噠噠噠

叔叔，我們現在要去哪兒？
首先前往瑞士的日內瓦！
日內瓦？
到了日內瓦，我要先去美麗的雷曼湖…
布卡！
啪
!!
轉身

凱…凱瑟琳！
妳怎麼會在
這裡？
喀喀喀…
你怎麼可以
丟下我呢！
討厭的
小孩！
凱瑟琳，
妳有得到公爵
的允許嗎？
懷疑～
當然…
沒有啊！
呵呵呵…
小小年紀
就離家出走？
快回去！
凱瑟琳，如果
沒有妳父親的允許，
我是不能帶妳去的。

哼！就算是
叔叔也不能妨礙
我們兩個談戀愛。
啾
啊！
如果是我，
也不能妨礙嗎？
?
爸…爸爸！
給我回家
去！
Je t'aime，布卡！
（我愛你，布卡！）
……
嗚嗚

法國王政歷史

- 卡佩王朝（Capetian Dynasty）（987年～1328年）
  雨果·卡佩～查理四世
- 華洛亞王朝（The Valois Dynasty）（1328年～1589年）
  菲利浦六世～亨利三世
- 波旁王朝（The Bourbon Dynasty）（1589年～1789年）
  亨利四世～路易十六世
- 波拿巴王朝（Bonaparte）（1804年～1814年）拿破崙一世
- 波旁王朝（1814年～1830年）路易十八世～查理十世
- 奧爾良王朝（Orleans）（1830年～1848年）路易·菲利浦
- 波拿巴王朝（1852年～1870年）拿破崙三世

何謂絕對王政？

絕對王政成立於十六～十八世紀，指國王掌握統治國家的所有權力，率領中央集權制的官僚機構、軍隊以及警察，強制執行專制的政治體制。此時期的貴族們都認為，只要能成為國王及王后的侍從，便是最高的榮耀。

哪些國家還有國王？

英國、瑞典、比利時、西班牙、荷蘭、泰國、巴林、沙烏地阿拉伯、日本、尼泊爾、不丹、汶萊、柬埔寨、科威特、阿曼、卡達、阿拉伯聯合大公國等國家都還有國王，但國王本身並不具備統治權，而只是國家精神領袖的象徵。

絕對王政的象徵～凡爾賽宮

凡爾賽宮

展現絕對王政威儀的宮殿，徹底彰顯太陽王～路易十四世「朕即國家」的思想。

凡爾賽宮原本只是王室的別墅，在路易十四世時將它擴建為大宮殿後才成為現在的面貌。凡爾賽宮是國王舉行宮廷儀式及接見外國特使的宮殿，其中最著名的就是裝飾華麗的「鏡廳」了！鏡廳的左右兩側則是「和平廳」與「戰爭廳」，「和平廳」內繪製了《路易十四世為歐洲帶來和平》的壁畫，並布置著各種誇示路易十四世絕對權力的裝飾品；「戰爭廳」內部的橢圓浮雕上，則雕刻著路易十四世騎馬退敵的威嚴模樣。法國大革命期間，象徵著舊王權的凡爾賽宮曾有一部分遭到破壞，但後來已經於西元1837年修復，法國政府並將之改為法蘭西歷史博物館，成為遊客們的最愛。

值得一提的是，當時的凡爾賽宮內並沒有廁所，所以當時的貴族們都得在庭院各處大小便，連國王在緊急時刻，也得命令侍從圍起人牆，好讓自己方便呢！

第七章

不可能的任務

鑽石在
我手上！

脫離日常生活，
喝杯咖啡總能讓我
宛若新生!!
CAFE
咚！
啊！
姜作者！
稿子什麼時候
才要交啊？
編輯
AMY
快把
畫稿
完成啦！
一天要
畫十頁
以上！
嗚嗚嗚…

嗚嗚…
這就是佛羅倫斯鑽石的歷史。
啪
佛羅倫斯鑽石的故鄉在印度。
新德里
孟買
*鑽石在二千多年前被發現。
*是在印度的河邊碎石中找到的。
世界上最古老的鑽石～「歌依羅」的製造地也是在印度吧？
沒錯，歌依羅意指「光明之山」，名氣很大喔！
嗯…

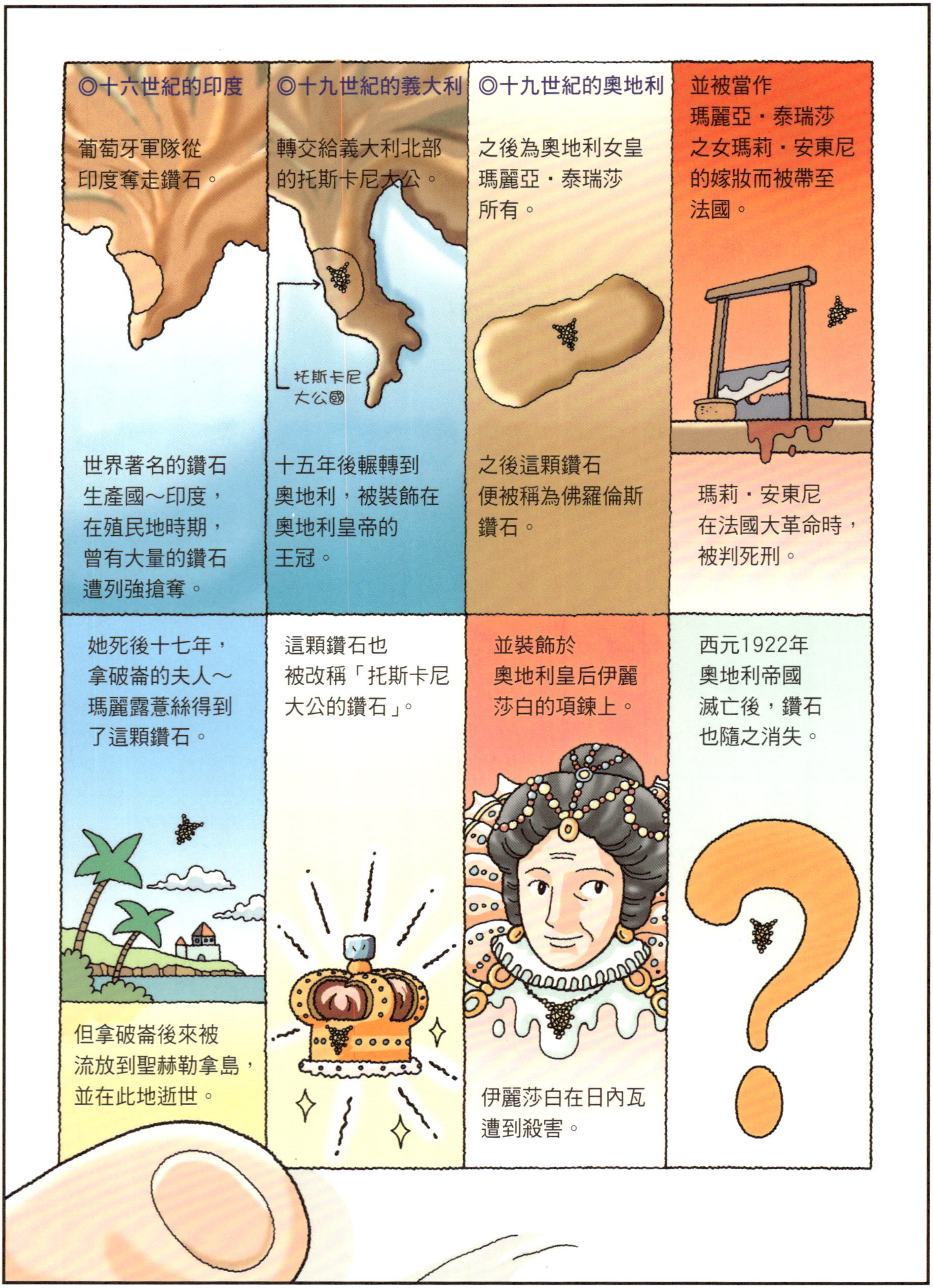
◎十六世紀的印度
葡萄牙軍隊從
印度奪走鑽石。
世界著名的鑽石
生產國～印度，
在殖民地時期，
曾有大量的鑽石
遭列強搶奪。
◎十九世紀的義大利
轉交給義大利北部
的托斯卡尼大公。
托斯卡尼
大公國
十五年後輾轉到
奧地利，被裝飾在
奧地利皇帝的
王冠。
◎十九世紀的奧地利
之後為奧地利女皇
瑪麗亞・泰瑞莎
所有。
之後這顆鑽石
便被稱為佛羅倫斯
鑽石。
並被當作
瑪麗亞・泰瑞莎
之女瑪莉・安東尼
的嫁妝而被帶至
法國。
瑪莉・安東尼
在法國大革命時，
被判死刑。
她死後十七年，
拿破崙的夫人～
瑪麗露薏絲得到
了這顆鑽石。
但拿破崙後來被
流放到聖赫勒拿島，
並在此地逝世。
這顆鑽石也
被改稱「托斯卡尼
大公的鑽石」。
並裝飾於
奧地利皇后伊麗
莎白的項鍊上。
伊麗莎白在日內瓦
遭到殺害。
西元1922年
奧地利帝國
滅亡後，鑽石
也隨之消失。

—特別企劃—

看這裡！鑽石小常識！

讓我們一起來了解鑽石！~♪

◎鑽石（金剛石）：
是由純粹的碳元素所構成的，
具有堅固的結晶構造，
是礦物中堅硬度最高的。

◎鑽石的品質：
由4C～顏色（colour）、
透明度（clarity）、
切磨（cut）、
重量（carat）來決定。

*寶石切磨法

◎法國國王查理七世的
情婦～阿涅絲索雷爾，
是第一個違反十三世紀時，
路易九世所制定的「在法國
只有王族和貴族才能持有
鑽石」法律的平民。

◎瑪麗蓮夢露在電影
《紳士愛美人》中，
佩帶名為「天堂之月」的
鑽石演出，從此聲名大噪。
而「鑽石是女人最好的朋友」
這句名言，就是出自於片中的
主題曲曲名喔！

最後…
奧地利帝國因為革命而滅亡，皇族們便帶著佛羅倫斯鑽石一起流亡至瑞士。
丹麥王國
普魯士王國
法蘭西王國
奧地利帝國
瑞士
西班牙王國
葡萄牙王國
鄂圖曼土耳其帝國
接著鑽石就在這個地方消失了。
甚至連奧地利的末代皇后～伊麗莎白在臨死之前，都沒有交代鑽石的下落。
……
帝國居然跟著鑽石一起消失了…
喀喀喀…我是受詛咒的鑽石…
我一點都不想去找。
我也是。
詛咒太可怕了！
吸血鬼一點也不可怕…
無力

叔叔，既然歐洲的皇室都知道這顆鑽石受到詛咒，為什麼大家還想持有它呢…
是啊！雖然大家都知道這顆鑽石被稱為受詛咒的鑽石…
不過只要一看到鑽石，人們就…
會在瞬間被震懾住…
那顆鑽石真詭異！
讓大家完全忘記詛咒這件事。

在鑽石消失的地方～瑞士，
有間佳士得拍賣公司，
那裡可能會有些紀錄。
我已經訂好車票了！
起身
那個…
教授…
嗯？
我們還是回台灣吧！
姑且先不管詛咒，
問題是消失八十年的
鑽石要從何找起啊？
對，沒錯！
雖然我貪圖
基斯公爵的
寶物…嗯…
但是…
我…我們
不想死啊！
但是？

砰
咚
叔…叔…
嚇人啊…
不接受挑戰，
只會恐懼的人，
沒有資格進入
考古學界！
無論想要達到任何目標，
都得克服重重障礙，這正是
考古學家的精神啊！
現在就放棄，
以後要如何挑戰
比這個更困難
的事呢？
鏘

尋找寶物的探險家
必須擁有三項條件，
那就是知識、耐性，
還有熱情！熱情呀！
知識
……
嘿咻！
嘿咻！
即使要
鑽至地球
內部…
嘟嘟
嘟嘟
尋找
寶物中
耐性
熱情
呼
啊～
走！
前進瑞士
日內瓦！
噗嗚嗚～噗嗚～
嘖…無話可說。
呼
嗚～

他們應該也
是累了，我剛剛
會不會罵得太
過火了…
抽搭
抽搭
嗶嗶嗶…
嗶嗶嗶…
真是！我想太多了！
黑白猜！男生女生配！
哈哈哈～～♪
我去上個
廁所，回來
再玩吧！
嗯！

快去快回喔！歐洲火車的客車會分離，小心被載到其他地方去。
是，教授！
呃…怎麼辦？得去別的客車嗎？
呃～
噠噠噠
嘎嘎嘎
嗯…搖得好厲害喔…
搖搖 晃晃

哇啊！
怎麼會這樣？
蘿拉所在的列車
布卡在這！
教授
布卡
布卡
這輛列車要去哪兒啊？
這班車會先到西班牙的馬德里，再到葡萄牙的里斯本！
布卡！教授！快來救我啊！
匡噹
匡噹
匡噹
黑白猜！男生女生配！哈哈哈！
蘿拉姊怎麼還不回來？
叔叔也沒兩樣!!

被判死刑的國王～路易十六世（Louis XVI）

路易十六世

路易十六世為法國波旁王朝的國王，西元西元1770年與奧地利的公主瑪莉・安東尼結婚，並於西元1774年繼承王位。路易十六世登基時，國家正因為長期戰爭而國力大減，他為了擺脫財政的危機並達成國政改革，於是任用優秀的經濟學家～杜爾哥為財政總監，但卻遭到教士和貴族等特權階層的嚴厲反對。在一連串的經濟威脅下，路易十六世不得不在西元1789年召開市民、教士、貴族共同參與的三級會議。然而在國王與教士、貴族都不願讓步的情況下，會議宣告失敗。之後，在巴黎市民摧毀了巴士底監獄，爆發法國大革命後，國王被迫從凡爾賽宮移至巴黎，過著受到國民監視的生活。路易十六世本想在西元1791年逃往國外，卻不幸被捕，於西元1793年遭到處決，在斷頭台上結束他的生命。

以奢華聞名的瑪莉・安東尼

瑪莉・安東尼出生於奧地利的維也納，是奧地利女皇瑪麗亞・泰瑞莎的么女，她十四歲時便與路易十六世結婚，成為法國王妃。從小過著奢侈生活的瑪麗亞，即使來到處於財政危機的法國，仍不知民生疾苦，最後終於因法國大革命而步上悲慘的後半生。瑪莉在法國大革命後與路易十六世一起被囚，路易十六世死後，瑪莉也被控虧空國庫及試圖與奧地利共謀反叛法國，並於西元1793年在斷頭台上送命。

宣揚自由、平等與博愛的法國大革命

法國在十八世紀末期時，雖然知識分子及部分人民已經經過啟蒙思想的啟發，但是一般人民卻仍然生活得非常困苦，全國百分之九十的土地都歸貴族與教會所有，且不需繳稅，而窮人雖貧無立錐之地，卻得負擔法國龐大的稅務。民眾的怒氣最後終於在西元1789年7月14日爆發，成為「法國大革命」的導火線，民眾們高喊著自由、平等、博愛，並且突擊巴士底監獄，之後發表了「人權宣言」，且廢除了波旁王朝，建立法蘭西共和國。法國大革命為世界各國帶來前所未有的衝擊，其中自由與平等的信念更是影響深遠。

何謂斷頭台？

斷頭台據說是義大利人發明用來執行斬首任務的機器，並由法國醫生吉約坦引進法國。當時的人相信斷頭台可以讓犯人死得更輕鬆，結果在法國大革命期間，包括路易十六世、瑪莉·安東尼甚至革命黨員以及吉約坦醫生自己，都死於斷頭台上。

第八章

最後的線索

受死吧！
布卡的鑽石炸彈！
布卡
……

嗶嗶嗶嗶
西元1981年
有顆82克拉的鑽石，
在瑞士的日內瓦佳士得
拍賣會上，以六十萬
法郎成交？
拍賣號碼
312號，以
電話出價
成交的。
呼！
差點就
回不來
了！
你的意思是，
那顆無名的鑽石就是
佛羅倫斯鑽石囉？
嗯…雖然
我不是很肯定，
不過可能性
很高。

但是一顆重達
82克拉的鑽石應該
會有名字呀！這麼
大一顆鑽石居然
沒有名字…
沒錯！這就是
奇怪的地方！
若是這麼大的鑽石，
照理說應該會貼上
所有者的姓名，或
標示出原產地…
那非去一趟
瑞士不可了！
嗯！說不定
那裡會有什麼
線索。
嗶嗶嗶
嗯？
為什麼突然
停車了？
嘎
我們大概是已經
抵達法國和瑞士
的國界了吧！
啊！

幹麼？
國界上怎麼沒有鐵絲網或軍人？
這裡真的是國界嗎？
噗噗呼
哇哈哈哈
怎麼啦？
哇哈哈哈
布卡，歐洲的許多國家之間，本來就是可以自由通行的啊！
啊？
真的？
我有個在法國留學的朋友，你知道他一個月去一次的市場在哪裡嗎？
就在德國喔！因為只要騎腳踏車就可以到，而且德國的物價還比法國便宜呢！
歐洲現在正努力成為一個統一的國家。
德國
法國
這是因為有些歐盟會員國彼此間，已經開放自由通行啦！

是喔！
要是大家的國土都連在一起，那我也可以隨意去其他國家嗎？
嗶嗶嗶
在抵達日內瓦前，大家先休息一下吧！
嗯！
呼嚕嚕
呼隆隆
呼呼

叮咚噹
叮咚噹
這個地方可能
會有佛羅倫斯鑽石
的蛛絲馬跡…
擁有美麗夕陽
的雷曼湖就在
日內瓦唷！
終點站
日內瓦到了！
Geneva
喀喀喀…
伊拉克尋寶記
三采出版社
所出版的
《伊拉克
尋寶記》
大熱賣！
看過此書的
讀者
紛紛
表示自己
也想去尋找寶藏…
我們也
下車吧！

日內瓦
佳士得
拍賣會場
叔叔，
結果如何？
嗯…
X-file
絕對 絕對 絕對 絕對 絕對 絕對 絕對
絕對 絕對 絕對 絕對 絕對 絕對 絕對
絕對 絕對 絕對 絕對 絕對 絕對 絕對
絕對 絕對 絕對 絕對 ×100 機密!!!
他們說得標者的相關
資料已經被完全密封，
絕對不可能公開！而且
這個檔案還被列為
「X檔案」呢！
轟轟
轟轟

也就是說…我們就在這裡失去鑽石的線索囉？
嗯…我本來還以為可以在這裡找到什麼的…
難道沒有其他線索了嗎？
唯一的線索斷了！我也很失望！
唉！我們先回巴黎吧！
一切得重新開始了！
嗯…
真是～無力啊！
……
啊！

等一下！
啪
拍賣得標的商品不是會由專人配送嗎？我們去找當時配送鑽石的人不就得了？
喔！
沒錯，還有這個方法！雖然已經經過了二十年，不過他應該還記得那顆鑽石吧！
我現在馬上去查當年是誰配送的。
轉身
嘿嘿
呵呵！原來你也有聰明的時候嘛！
拉拉拉
哈哈哈…Merci！（謝謝）
既然是您的請託，這根本不算什麼…

沒有名字
的鑽石…
喔…
塊頭還
真大！
您好，保魯索先生！
1981年在佳士得拍賣會上，
有顆成交的無名鑽石是
由你配送的，不知道
你還記得嗎？
這個嘛…
已經過了二十年，
我實在想不起來
了…
拜託您…
請您再仔細地
想一想。
嗯…
啊？
保魯索爺爺，請問
您以前曾在法國蛙人
部隊服役嗎？
嗯？你怎麼
知道我以前曾在
蛙人部隊服役？

因為那頂
帽子上有法國
蛙人部隊的
標誌啊！
那頂「白色
高頂軍帽」很
有名啊！
帽子…
4
呵呵…你們
先進來吧！一個
外國小朋友居然
知道蛙人部隊，
真令人開心啊！
一說到帽子，
就突然讓我想起
當時的事。
好像是…
11月吧…
我記得當時的
天氣好像很冷。

我把東西帶到雷曼湖，
交給坐在長椅上的女客人…
那位客人她…她戴著一頂
相當特殊的帽子…
那應該是十九世紀時
的貴族們所戴的帽子，
那頂帽子幾乎把那個
客人的臉給遮住了。
更特別的是，
她身旁居然
還有兩個畫有
同款帽子圖案
的帽盒。
我想她
一定很喜歡
那種帽子。

這就是我所記得的事情，雖然不多，不過還是希望能幫上你們一點忙。
保魯索先生，您已經幫了我們大忙了！
真可惜，本來還想說點我的軍旅故事給你們聽呢…
您保重。
謝謝您的協助。
Au Revoir。（再見。）

日內瓦街上
我去一趟
日內瓦市立圖書館，
你們先回飯店吧！
啊！
布卡，
今天是幾號？
今天？好像
是5號吧！
糟了！今天是
芭比拍賣的最後
一天了！
我的
芭比…
Barbie
芭比娃娃？

蘿拉姊！
妳都幾歲了，
還滿口芭比
娃娃？
少囉唆！
還不快走？！
羞羞臉～！
羞羞臉～♪
喜歡
芭比
娃娃
蘿拉姊
羞羞臉！羞羞臉！
難怪沒有男朋友，
原來到現在還在
玩芭比娃娃！
大怒!!
對！
我就是沒有
男朋友，怎樣？
沒有男朋友
又怎樣！哼！
生氣
生氣
生氣
呃啊啊
啊啊啊啊！

歐洲統合議題是從什麼時候開始的？

歐洲自羅馬帝國崩解後，長期處於各城邦、各民族相互掠奪、征戰的混亂狀態，直到世界第二次大戰之後，歐洲統合的議題才正式出現。統合議題最主要的目的是想藉由整合歐洲各國的政治與經濟，以推動內政、外交、司法事務上的合作，並在各國間建立一致性的歐洲觀點。

歐洲的貨幣—歐元

1歐元（€）約等於40元台幣，小於1歐元的為「分」（cent），錢幣最大的幣值則是2歐元。歐元的錢幣背面採用共同圖案，正面則依各國而有不同的設計。

法國歐元錢幣正面圖示
自2001年1月開始採用的法國歐元錢幣。

歐洲各國的歐元貨幣正面圖案說明

國家別	1歐元正面的圖案	2歐元正面的圖案
比利時	國王阿爾貝二世	
德國	國鳥老鷹	
西班牙	國王卡洛斯一世	
希臘	貓頭鷹圖案，是仿自西元前十五世紀的古希臘硬幣	宙斯劫持女王歐羅巴的圖案
盧森堡	國王亨利公爵	
荷蘭	女王貝婭特麗克斯	
奧地利	音樂家莫扎特	和平戰士貝爾塔
葡萄牙	西元1144年葡萄牙帝國成立時的王室印章，島的模樣	
芬蘭	兩隻在天空飛翔的天鵝	野生植物莓花及果實
法國	樹木周圍環以“自由、平等、博愛”等字樣	
愛爾蘭	象徵正統塞爾特族的豎琴圖案	
義大利	達文西的人體黃金比例圖	但丁的頭像

歐洲在貨幣統一後有什麼變化嗎？

西元1999年，歐洲為方便比較各國之間的物價，並且降低各地的價格差異，於是決定開始採用單一貨幣的歐元，也就是「歐洲單一貨幣」。然而消除各國間的物價差距並不是只靠單一貨幣就可以達成，以經濟規模排名前六名的國家進行調查後發現，物價最便宜的都市在西班牙的馬德里，最貴的都市則在巴黎，兩者的價格差異達10%之多。因此，歐元雖已在西元2001年元月正式啟用，但是歐洲目前仍致力於解決貨幣統一後所產生的各種問題。

目前英國、丹麥、瑞典尚未開始使用歐元。

歐洲為什麼要統合在一起？

在德國仍分為東、西德兩個國家時，西德一直處在被西歐社會孤立的危機中，西德為了要以同等價格與鄰近國家交易，唯一的方案就是和西歐統合。而當時曾和納粹同盟的義大利也有相同的情況，此外，荷蘭、比利時及盧森堡等小國，若僅靠自己國家的小市場也將難以生存，因此這些國家都紛紛加入歐洲統合的計劃。而法國之所以加入歐洲統合計劃，則是因為法國認為這可以擴大自身在歐洲的影響力，並且能有效控制德國，以便在歐洲統合中位居主導地位。

第九章

網路拍賣大搜查

＊ebay為世界最大的拍賣網站。

*ID：Identity的縮寫，也就是使用者在該網站上的身分標籤。

盯
妳該不會是…
該注意的人
不用特地去
找有色眼鏡來
看我吧！
ebaY
Barbie
之所以要注意，
是因為新手還沒有
交易紀錄跟信用評價，
你看，這裡有列出我
想要的芭比娃娃耶！
原來如此！
嗒嗒…
好！現在我要
正式加入拍賣了！
哇！
好快！
嗒
嗒
嗒
嗒
嗒
嗒

討厭…人家想要的警察芭比已經超過一百美元了耶！
一百美金就是三千多台幣了…
POLICE
Barbie™
蘿拉姊，有沒有人在ebay上面買帽子啊？
怎麼辦…
啊！
蘿拉姊！
啊！
我又沒聾，小聲一點啦！
咚
啊！
你剛剛說帽子怎樣？
你不是說在ebay拍賣上可以看到交易紀錄嗎？
轉
所以呢？

保魯索爺爺不是說過，鑽石的主人當時戴著十九世紀風格的帽子，她應該是很喜歡帽子的人吧！
對！是個帽子狂！
如果她現在還在蒐集帽子，那她應該也會利用網路吧？
!!
喲！
嗒嗒嗒嗒嗒——
這裡聚集了世界各地的消費高手，說不定真的會有線索喔！
喀嗒

用這個ID
的人，還真買了不少
帽子啊！好驚人喔…
Leman lake？
雷曼湖啊！
•Leman Lake
•Leman Lake
•Leman Lake
•Leman Lake
•Leman Lake
•Leman Lake
•Leman Lake
嗯…
順便
看看她有沒有
在網站上買過
鑽石！
如果可以找到既
蒐集帽子、又熱愛
鑽石的人…嘿嘿…
哈哈哈
知道了！
你等等。
嗒嗒嗒
嗝！
布卡，
真的有耶！
喔！

*IP：Internet Protocol的縮寫，意指「互聯網協定位址」。在網際網路的世界裡，每一台電腦都有自己的IP位址，它就像是每台電腦的門牌號碼喔！

日內瓦
佳士得
拍賣會場
謝謝您
把這頂帽子
讓給我…
別客氣！
我姓峰，在美國
的耶魯大學教
考古學。
噢！原來
您是考古學
博士，那我
應該稱呼你
峰博士啊！
嘻嘻
總之很高興
認識您，夫人，
那我先告辭了。
那…峰博士，
您待會還有
時間嗎？
我下午打算去
參加另一場鑽石拍賣會…

噢！這樣啊！
我也要去參加那場
鑽石拍賣會呢！
真巧！那我們
到時候見囉！
請問峰博士
您對鑽石有研究嗎？
我現在正負責
鑽石鑑定的工作。
嘿嘿…
我的綽號又叫
鑽石峰
喔！
鑽石鑑定？
是的，我現在正
擔任歐洲王室的鑽石
鑑定師。
名片
鑽石鑑定師
鑽石峰
＊歐洲王室鑽石
峰
—MR

那麼我可以拜託您一件事嗎？
我有一顆在1981年的佳士得拍賣會上競標到的鑽石。
拜託？您說說看，夫人。
掀起
1981年？
喔！
眼…眼睛長得還真奇怪！
為什麼這麼驚訝？
鯽魚眼
聽說那年有許多假鑽石透過拍賣會場流通到市面上…
不…不會吧！更何況我是在佳士得拍賣會競標到的耶！

如果想確定那顆鑽石
是不是真品，不如就
讓我鑑定一下吧！
您真是
親切呢！
那麼等拍賣會
結束後，就請您隨我
回家一趟吧！
好啊！
我今天正好
沒事呢！
呵呵！到時候
再趁機調包
就行啦！
喀喀喀…

叮咚
您有一封新郵件！
喔！有電子郵件耶！
嗯…是想和我討論有關鑽石的事…
REPUBLIC TAIWAN
PASSPORT
蘿拉
還附上護照，應該不會是騙人的吧！
這照片是怎麼回事？

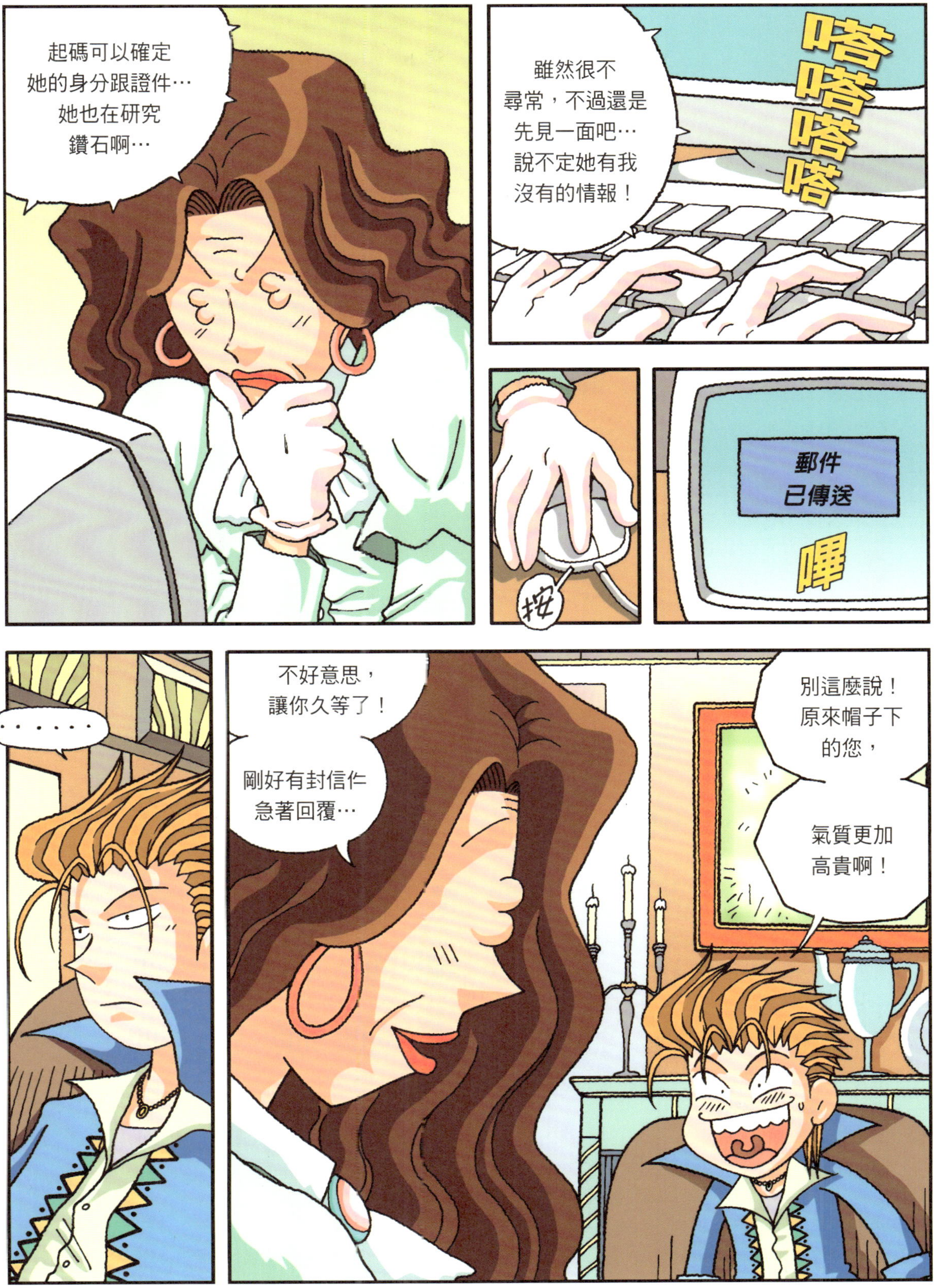
起碼可以確定
她的身分跟證件…
她也在研究
鑽石啊…
雖然很不
尋常，不過還是
先見一面吧…
說不定她有我
沒有的情報！
嗒嗒嗒嗒
按
郵件
已傳送
嗶
……
不好意思，
讓你久等了！
剛好有封信件
急著回覆…
別這麼說！
原來帽子下
的您，
氣質更加
高貴啊！

謹慎
緊張…
緊張…
閃閃
沒…沒錯…
這一定就是那顆
佛羅倫斯鑽石了！
咕嘟

請問…
這是真品吧？
乍看之下
應該是…
嗯…
不過還是得經過
精密的檢查才行！
・・・・・・

嗯嗯…
啪！
喀喀喀…
哎呀！
怎麼回事？
是停電嗎？
糟糕！

喀嗒！
噢！電又
來了耶！
啪
真不愧是專家！
你的姿勢居然
都沒有改變…
那是因為這顆
鑽石散發出讓人
無法轉移目光
的光芒啊！
夫人，這是一顆
相當了不起的
鑽石！
它不只是
真品，而且比
任何一顆王室
鑽石都要來得
珍貴喔！

噠噠噠
布卡，
蘿拉，
快！
是，教授！
是，
叔叔！
Taxi！
Taxi！
吱
請到雷曼街
31號！
呼
呼

沒想到她
會回信吧？
對啊！沒想到
居然這麼快就
收到她的信！
妳太了不起了！
竟然能在ebay上
找到線索！
太棒啦！
噗嚕嚕嚕
這都要歸功於沒有
男朋友，每天抱著芭比
睡覺的蘿拉姊啊！
大怒
你這個死小孩！
需要你
一直提醒
我沒有男友
的事嗎？
啊…
痛啊！

羅浮宮博物館

法國的羅浮宮與美國的大都會博物館、俄國的冬宮博物館、英國的大英博物館並稱為世界四大博物館，其中的收藏品數量多達四十萬件，可區分為幾大方向：埃及藝術、美索不達米亞古物、希臘羅馬藝術、伊斯蘭藝術、雕塑、工藝、歐亞美洲與大洋洲藝術，以及羅浮宮本身的歷史等。假如小朋友走進羅浮宮內，每件作品只花一分鐘欣賞，也得走上四個月才能看完所有的收藏品呢！由此可見，羅浮宮的館藏與占地有多麼龐大，而這也是因為羅浮宮本來曾經是法國國王的宮殿，後來歷經多次的增建，所以才有今日的規模喔！此外，由於羅浮宮面積高達45英畝，所以進入參觀的遊客如果不遵循著博物館的指示，可就要在這座「迷宮博物館」內迷路囉！

來到羅浮宮的遊客們絕對不能錯過位於入口處的玻璃金字塔，這座金字塔是華裔設計師～貝聿銘所設計的。在建築這座玻璃金字塔時，巴黎的市民就像當初排斥艾菲爾鐵塔一樣討厭這座建築物，可是現在法國民眾不但很喜歡它，而且還認為它是最值得驕傲的巴黎地標之一喔！

羅浮宮博物館

玻璃金字塔為原本陰暗的羅浮宮引進了自然的光線，使羅浮宮更加明亮寬敞。

羅浮宮中有哪些著名的藝術品？

羅浮宮的驕傲～蒙娜麗莎

達文西的蒙娜麗莎以她神祕的微笑征服了古今中外無數的藝術家與鑑賞家。

羅浮宮的館藏中有無數廣為人知的藝術品，除了代表性的作品～達文西的〈蒙娜麗莎〉及大衛的〈加冕圖〉之外，還有魯本斯的〈瑪莉．德．麥第奇〉、克拉那赫的〈維納斯〉、杜勒的〈自畫像〉、林布蘭的〈貝莎貝〉、德拉克洛瓦的〈自由領導人民〉等無數的作品，因此一直是藝術愛好者最喜歡的博物館之一喔！

羅浮宮中有哪些著名的古物呢？

漢摩拉比法典

漢摩拉比法典是世界現存最早的成文法，以楔形文字寫成。

羅浮宮除了藝術品外，也收藏了大量珍貴的古物，例如巴比倫的漢摩拉比法典、古埃及的書記坐像與圖唐卡門浮雕、斷臂的維納斯等。斷臂的維納斯出土於米羅島，距今至少有二千年的歷史。此外，西元前200～190年間完成的勝利女神像，也是少數可以知道創作時間的作品，為古希臘的雕刻中較為著名的作品之一。

第十章

火車上的決鬥

你好~♪
我是蘿拉芭比!!
Barbie
我是布卡芭比♡

嗯…
我知道基斯公爵為何想找這顆鑽石了…
…事實上，這顆鑽石雖然美麗，不過的確也挺可怕的。
自從買了這顆鑽石之後，我先生就突然過世，連小狗也出車禍死了…
吱嘎嘎
砰

打開
我想你們在要找的，應該應該就是它吧！
哇啊！真是百聞不如一見！好美喔！戴在我脖子上一定很適合…
想要…好想要…
我…可以拿起來看看嗎？
當然可以。
嗯…
叔叔，你怎麼啦？
好像哪裡怪怪的…

嗯嗯…
真是不好意思，不過這好像不是我們在找的鑽石。
這應該只是顆水鑽而已。
失望
什麼？這只是一顆水鑽？
那…那這就是假的囉？

太過分了！居然敢說這是假的！這可是附有佳士得保證書的鑽石耶！
更何況歐洲王室的鑽石鑑定師～峰博士也已經確認它是真品了呀！
啊？峰博士！
那個人…是不是…
長這樣→
這樣→
這樣→
對，沒錯！他是一位長得相當英俊的青年！
劃腳
比手
咚！
……
咚
咚
咚

噗
噗
噗
嘎嘎
Lausanne
怎麼？
為什麼車子
無法發動？
嘎嘎嘎
CAR
跺腳
!!
噓
臭小子！竟敢尿在我們老大的褲子上！
踹
打
踢
超級生氣
啊
媽…
媽媽…
砰砰砰砰砰砰砰

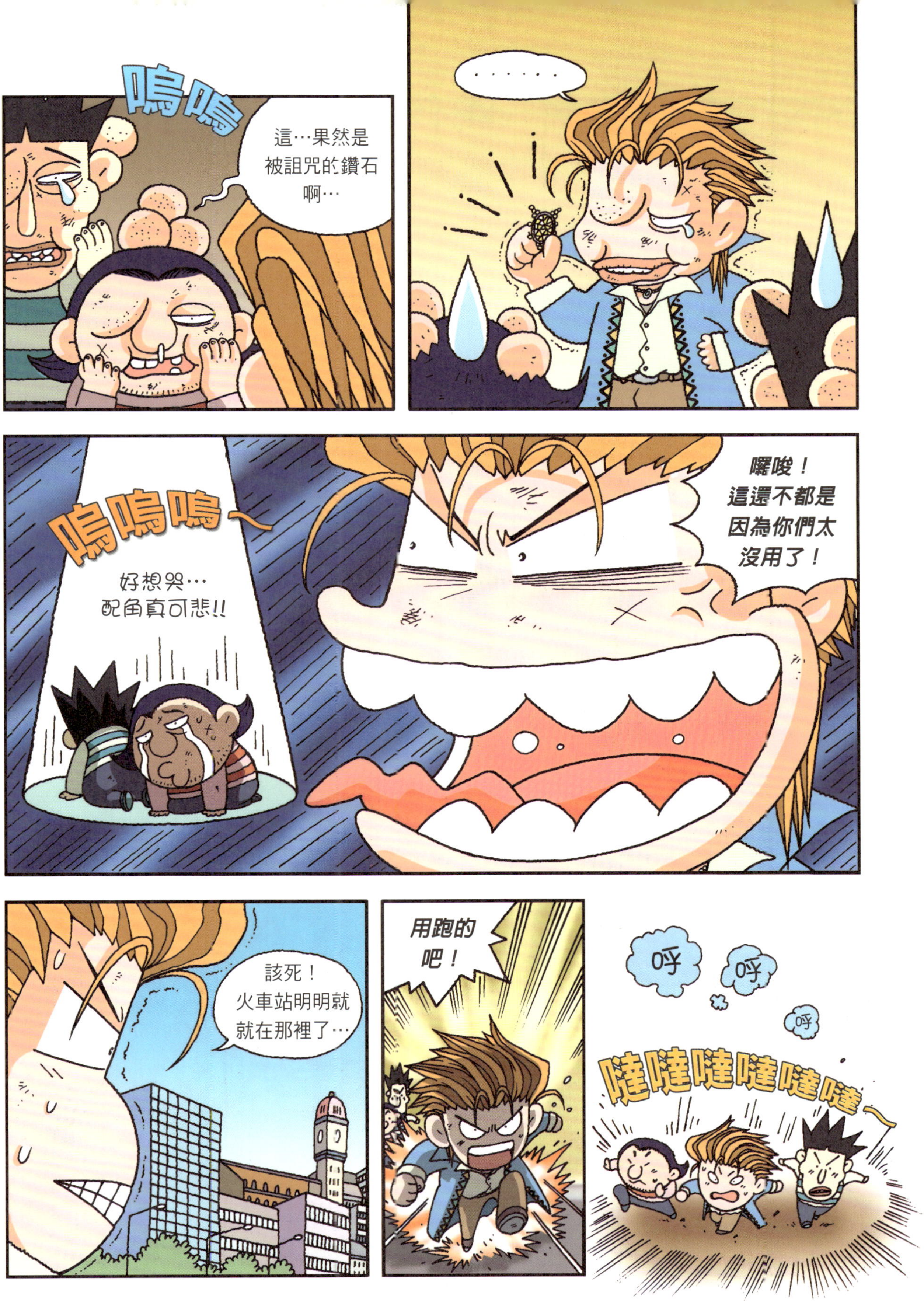
嗚嗚
這…果然是
被詛咒的鑽石
啊…
……
嗚嗚嗚～
好想哭…
配角真可悲!!
囉唆！
這還不都是
因為你們太
沒用了！
該死！
火車站明明就
就在那裡了…
用跑的
吧！
呼
呼
呼
噠噠噠噠噠噠～

滑
砰砰
……
大…大哥！
嘎
快！快啊！
噠噠噠噠噠噠噠

噠噠噠噠
火車要開了！
快點上來啊！
唧鏘
唧鏘
唧鏘
呼！差點
就趕不上了！
呼～
峰巴布
真的會
前往巴黎
嗎？
他的名字的確在預約的
名單上啊！我們去他的
車廂裡找找吧！

*淡香水：香精含量介於5～10%之間的香水，此類香味可維持二～三小時。

你這乳臭未乾的臭小子！
誰乳臭未乾？你少胡說！！
噗！
呃呃
我們都知道了，快把佛羅倫斯鑽石交出來吧！
呵呵！知本教授，你是強盜嗎？不然為什麼我要把鑽石交給你呢？
沒錯！而且你又不是鑽石的主人！
還敢說別人！你自己才是小偷吧！我以前就警告過你，要是再見到你，就要對你射出連環鼻屎！
又來了！布卡的鼻屎！
挖挖挖挖挖挖
挖挖挖～挖挖挖
挖挖挖挖挖挖挖挖！！

呃～
你不知道我為了你，做了多大的努力吧？
安迪！
阿強！
是！
是！
挖
挖
現在鼻屎對我來說，根本就不算什麼！
安迪的鼻屎
阿強的鼻屎

我…我的媽呀!!
哼！給我上！
靜止
不動
那帥氣的臉龐上
居然黏著鼻屎…
真是太可憐了…
淚眼汪汪
峰博士！
就算你是個壞蛋，
我還是忘不了你啊！
撲向
誰…誰
說我是
壞蛋啦？
吃驚！
背叛！
抓

衣服都被
妳弄縐了！
走開！
推
妳知不
知道這衣服
有多貴啊！
拉！
這是
Dior homme
2004年冬季的
最新款大衣耶！
衣…衣服居然
被妳扯破了！
呀啊啊啊！
討厭！
討厭！
不知所措
滾！

滾
滾
滾
撿起
呵呵呵！
峰博士，雖然我很愛慕你，不過我還是要將鑽石交給知本教授！
太棒了！
幹得好！
鏘～
作戰成功♪
就讓我代替它成為峰博士您的鑽石吧！
嘿唷～
嗯嗯～
教授！
丟

咕嘟
快上啊！
是！
噠噠噠噠
我來！
砰
砰

咚
咚咚
我還是…第一次
…見識到這種
石頭腦袋啊…
咻
嗚嗚
嗚
啊…
佛羅倫斯鑽石
呢？
呃…
在我這裡啊！
哈哈！
你們還楞在那裡
幹麼？還不快去把
鑽石搶回來！
是…老闆…
笨蛋
搖搖
晃晃

嘿嘿嘿！
來抓我啊！
噠噠噠噠噠噠噠噠
站住！
布卡！
絕對不可以被抓到啊！
你們給我安靜點！
喀拉！
嗚…

嗚嗚！
嗚
嗚
嗚
抓到他了！
噠噠
呃！
還不快把鑽石交出來！
快點！
抓
嗚嗚嗚嗚嗚嗚……
給你們就是了嘛！接住！
丟！！！

呃啊啊啊！
這麼貴重的東西
怎麼可以亂丟？
安迪，
快接住啊！
伸
呼呼…我
接到啦！
抓
啊！
這不是
佛羅倫斯
鑽石啊！
布卡的
鞋子
呃啊！
這該死的
小鬼…
老大！
笨啊…
站住，
站住！
我叫你站住！
不要！
不要！
呼
呼
呼

唧鏘～
唧鏘～
哇！
唧鏘～
嘿嘿！
這下看你
往哪兒逃！
識相點！
快把鑽石
交出來！
轉身
絕不給你！
不給？
那我只好用
搶的啦！
砰
你以為我會這麼
簡單就交給你嗎？
啊啊？
你在幹麼啦？
你…
該不…不會
把它給吃…
吃了吧？

咕嘟～
嚼～
……
佛羅倫斯鑽石現在已經在我的肚子裡頭囉！
拍拍
你…你！
呃啊啊
臭小子！
嗯嗯
嗯嗯
快給我大出來！
剛吃下去的東西，怎麼可能馬上拉出來啊？！
嗯嗯嗯

快點！不然他們
兩個就慘囉！
蘿拉姊姊
和叔叔…
知…
知道啦！
沒錯！
就是這樣！
再用力點！
嗯
嗯
嗯
哇
啊！老闆…
什麼事？
外面有
警察啊！
喔咿
什麼？
歐洲國界怎麼
會有警察？
嗶嗶
France
Swiss
喔咿
POLICE
POLICE
喔咿
一定是那個
鯽魚眼老太婆
去報的警！
可惡！
煮熟的
鴨子要
飛了！

喂！
你們！
我要以詐欺的
罪名逮捕你。
喀嚓
你有權保持緘默…
這是
怎麼回事？
喔～耶
你有什麼證據
說我詐欺？
狡
辯
帶走！
砰
呃呃呃…
揮

I'll be back!
峰叔叔
再見囉～♪
給我記住！
下次…一定
讓你
好看…
得救了！
佛羅倫斯
鑽石呢？
該不會被
峰博士給
搶走了吧？
喀喀喀…
呼
嘿嘿！
在我的衣服
裡啦！
布卡偷偷將
鑽石放入的
位置
真…真是
個鬼靈精
啊！
咚

巴黎
羅浮宮
博物館
真是美麗！基斯公爵！謝謝您將這麼貴重的東西贈送給羅浮宮博物館。
哪兒的話！多虧了這三位的幫忙。
歡迎你們到羅浮宮博物館！
微笑
啾
盯
那個…基斯叔叔，您不是說如果找到鑽石，就要送我寶物嗎…
緊張…
緊張…
啊！

像你這麼勇敢的少年，的確有資格接受我的寶物。
是！我一定會好好愛惜它的。
來！她就是我最重視的寶物，凱瑟琳！
鏘！
喀喀喀…
難道在凱瑟琳的身上？
布卡，我允許你在訂婚之前親我唷！
什麼！妳就是寶物？
怎麼可能！怎麼可能！怎麼可能！
呵呵…兩人還真相配啊！
一定…要好好愛惜我的寶物啊…
布卡，快訂日子啊！
呵呵呵
呵呵呵
啾～嗚
布卡，我愛你～
呃呃～誰來救救我啊！
你～好！
布莉姬
呃…我的鑽石！
《法國尋寶記》完！
敬請期待《中國尋寶記》！

●國家圖書館出版品預行編目資料

法國尋寶記/三采文化出版
--初版. --台北市：三采文化 2004.12
面： 公分. -- （世界歷史探險系列：2 ）
ISBN 978-986-746-963-2 （平裝）

1.法國 2.歷史 3.漫畫與卡通
742.1 93017508

suncolor 三采出版集團

世界歷史探險系列 2

法國尋寶記

原作者	Gomdori co.
原繪者	姜境孝
審訂	張淑勤
執行編輯	杜雅婷
文字編輯	楊嘉惠
美術主編	俞品聿
美術編輯	曾雅綾
封面設計	張淑玲
發行人	張輝明
總編輯	曾雅青
發行所	三采文化出版事業有限公司
地址	台北市內湖區瑞光路513巷33號8樓
傳訊	TEL：8797-1234 FAX：8797-1688
網址	www.suncolor.com.tw
郵政劃撥	帳號：14319060
	戶名：三采文化出版事業有限公司
本版發行	2011年7月15日
定價	NT$280